Die Alhambra und Generalife

AUS DER NÄHE BETRACHTET

Bildreiseführer für die Besichtigung der Alhambra und des Generalife

Übersetzung: Ernestina Brobeil, Anne Zipse und Marion Dahms

Idee und Technische Leitung: J Agustín Núñez
Hrsg. und Bearb.: EDILUX S.L.
Fotosatz: EDILUX S.L.
Entwurf, Layout und Zeichnungen: Miguel Salvatierra
Fotos: M. Román und J. Agustín Núñez
Originaltexte: Aurelio Cid Acedo
Palast Karls V.: Concepción Félez
Geschichtliches Chronologie: Juan Antonio Vilar Sánchez
Ergänzende Texte: Edilux s.l. und M. Salvatierra
Druck: Imprenta Comercial. Motril. Granada.
Digitaleausgabe 2008: Portada Fotocomposición, S. L. Granada.
Einband: Hermanos Olmedo, S. L.

ISBN: 978-84-95856-17-3
Hinterlegung: GR. 1.765-2007

Vertrieb: Edilux, Telefon und Fax: 958-082000
www.andaluciabooks.com
E-mail: edilux@edilux.es
ediciones@edilux.com.es

Edilux dankt allen denjenigen Personen und Institutionen, die die Entstehung dieses Buches ermöglicht haben, insbesondere den Erben von Aurelio Cid, von Pater Cabanellas und von D. Francisco Prieto Moreno, sowie Ernestina Brobeil, D. Rafael Manzano, Alfonso Rios, Julia F. Avagliano, Miguel Salvatierra, Juan Mata, Eduardo Páez, und den Fremdenführern von Granada, den eigentlichen Autoren dieses Werkes.

INHALT

Da die Hinweise für die Wege in der Anlage auf spanisch erscheinen, werden die Urspunglichen Namen angegeben für die bessere Orientierung des Besuchers.

Praktische Hinweise

ÖFFNUNGSZEITEN

In den Sommermonaten von 8,30 bis 22 Uhr und in den Wintermonaten von 8.30 bis 18 Uhr. Im Eingangspavillon beim Parkplatz und am Zugang zum Generalife

TICKETVERKAUF:

o ·Im Eingangspavillon beim Parkplatz und am Zugang zum Generalife;
o ·Vorverkauf in einigen Banken (La Caixa) und Reisebüros

Die Alhambra ist eine ausgedehnte Anlage und man sollte zumindest einen halben Tag für ihre Besichtigung einplanen. Auf den Eintrittskarten ist allerdings die Eintrittszeit für die Nasridenpaläste innerhalb von 30 Minuten vorgegeben. Einige Bereiche innerhalb der Anlage, wie der Wald, die Tore, oder der Palast Karls V., können ohne Eintrittskarte betreten werden. Auf den Karten S. 6-7 und S 26-27 sind die Ticketkontrollpunkte eingezeichnet, die diese Bereiche begrenzen. Es gibt ein vergünstigtes Touristenticket, das verschiedene Denkmäler in der Stadt mit einschließt: "**Bono Turístico**".

Die Nachtführungen finden in den Sommermonaten dienstags, donnerstags und samstags und in den Wintermonaten dienstags und samstags statt. Führungen durch sonst unzugängliche Bereiche und Nachtführungen an den übrigen Wochentagen sind nach Voranmeldung beim Patronat der Alhambra möglich (Tel: 958 220912).

MUSEEN

Das Museum der Alhambra befindet sich im Erdgeschoß des Palastes Karls V. Der Eintritt ist frei. Ausgestellt sind höchst wertvolle Originalstücke aus der Alhambra. Im Obergeschoß befindet sich das Kunstmuseum, wo interessante Malereien zu finden sind, größtenteils von der sogenannten Granadinischen Schule. Montags sind die Museen geschlossen.

SONSTIGE LEISTUNGEN

Während der Hochsaison (Sommermonate) ist das Rote Kreuz auf dem Gelände vertreten. (Tel: 958 22 20 24 und 958 22 22 22)..

Außerdem gibt es eine Reihe offizieller Führer für verschiedene Sprachen, die über eine Lizenz für Führungen durch dieses Monument verfügen und die für Einzel- oder Gruppenführungen gebucht werden können. (Tel: 958-229936).

Telefonnummer Patronat der Alhambra: 958 755 67
Telefonnummer Ticketreservierung: 958 22 09 12
Telefonnummer Patronato de Turismo: 958 22 35 27

In den Palästen ist das Essen, Rauchen, Anfassen der Wände, Anlehnen an die Säulen und das Fotografieren (Stativaufnahmen) verboten.

ANFAHRT

Direkte Anfahrt zur Alhambra von auswärts

Von den Schnellstraßen von Madrid, Córdoba/Málaga/Sevilla und Almería/Murcia aus kommt man auf die Umgehungsstraße (Circunvalación) in Richtung Motril-Sierra Nevada, die dann in die Ronda Sur (in Richtung Sierra Nevada) übergeht. Nach Passieren eines Tunnels kommt man zu einem Kreisverkehr, wo die Zufahrtsstraße zur Alhambra beschildert ist, die direkt zum Parkplatz der Alhambra führt.

Zufahrt zum Zentrum und von dort aus zur Alhambra

Von den Ausfahrten A und B der Umgehungsstraße (Circunvalación) kommt man auf den eingezeichneten Routen zu den Parkhäusern der Avd. de la Constitución und S. Agustín (Nähe Gran Vía). Die Ausfahrten E und F führen auf dem einfachsten Wege zum Parkhaus an der Puerta Real, Knotenpunkt der Stadt. Es wird nicht empfohlen, vom Zentrum aus mit dem Auto zur Alhambra hinaufzufahren. Dies ist aber vom Paseo del Salón aus über Cuesta Escoriaza-Vistillas-Caidero möglich (siehe Karte auf der nächsten Seite). Das Fahrzeug kann dann auf dem Parkplatz der Alhambra abgestellt werden.

Die Zugangswege für Fußgänger sind aus den Karten auf den folgenden Seiten zu entnehmen.

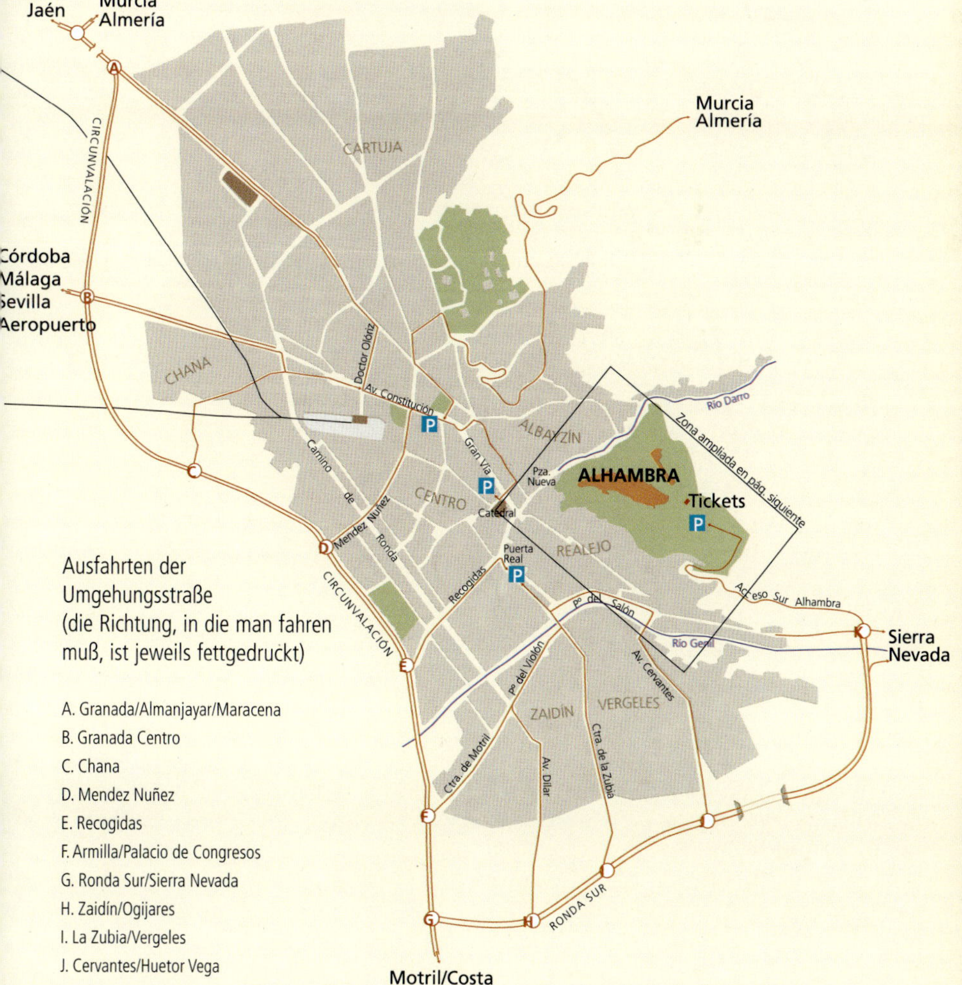

Ausfahrten der Umgehungsstraße (die Richtung, in die man fahren muß, ist jeweils fettgedruckt)

A. Granada/Almanjayar/Maracena
B. Granada Centro
C. Chana
D. Mendez Nuñez
E. Recogidas
F. Armilla/Palacio de Congresos
G. Ronda Sur/Sierra Nevada
H. Zaidín/Ogijares
I. La Zubia/Vergeles
J. Cervantes/Huetor Vega

Zugangswege für Fußgänger vom Stadtzentrum aus:
1 Ein angenehmer Spaziergang von Plaza Nueva aus über die Cuesta de Gomérez. Durch das Granatapfeltor hindurch gelangt man in den schönen Alhambrawald. Hat man bereits Eintrittskarten, so ist dies der schnellste Weg zur Puerta de la Justicia und zu den Palästen.
2 Über die Cuesta del Realejo, anfangs Stufen, aber dies ist der malerischste Weg. Das rötliche Gebäude des Hotels Palace dient als Wegweiser, wie auch bei der nächsten Route.
3 Route vom Campo del Principe aus, wobei das letzte Stück des Weges an der Autostraße entlang führt.
4 Über die Cuesta de los Chinos kommt man besser nach unten als nach oben. Mit gutem Schuhwerk kann man so in den Paseo de los Tristes gelangen, wo man sich in den Bars und Straßencafés mit Tapas stärken kann.
· Linienbus: Nummer 13 von Pza. Isabel la Católica und Plaza Nueva. Shuttelbusse Alhambra-Albaicín.
· Taxi: Von Plaza Nueva über die Cuesta de Gomérez.
Camino del llano de la Perdiz
Castillo de Sta Helena
("Silla del Moro")
GENERALIF
Huertas del Generalife
Cuesta de los Chinos
4
Paseo de los Tristes
ALBAYZÍN
ALHAMBRA
Río Darro
Carrera del Darro
Bosque de la Alhambra
Hotel
Alhambra Palace
Carmen de
Rodríguez
Acosta
Puerta de las
Granadas
Colinas
Bermejas
Cuesta del Realejo
3
Campo del
Príncipe
Plaza
Nueva
1
Cuesta de Gomérez
Calle Mol
2
Plaza del
Realejo
REALEJO
Calle Pavaneras
Gran Vía
Plaza
Isabel la
Católica
CATEDRAL

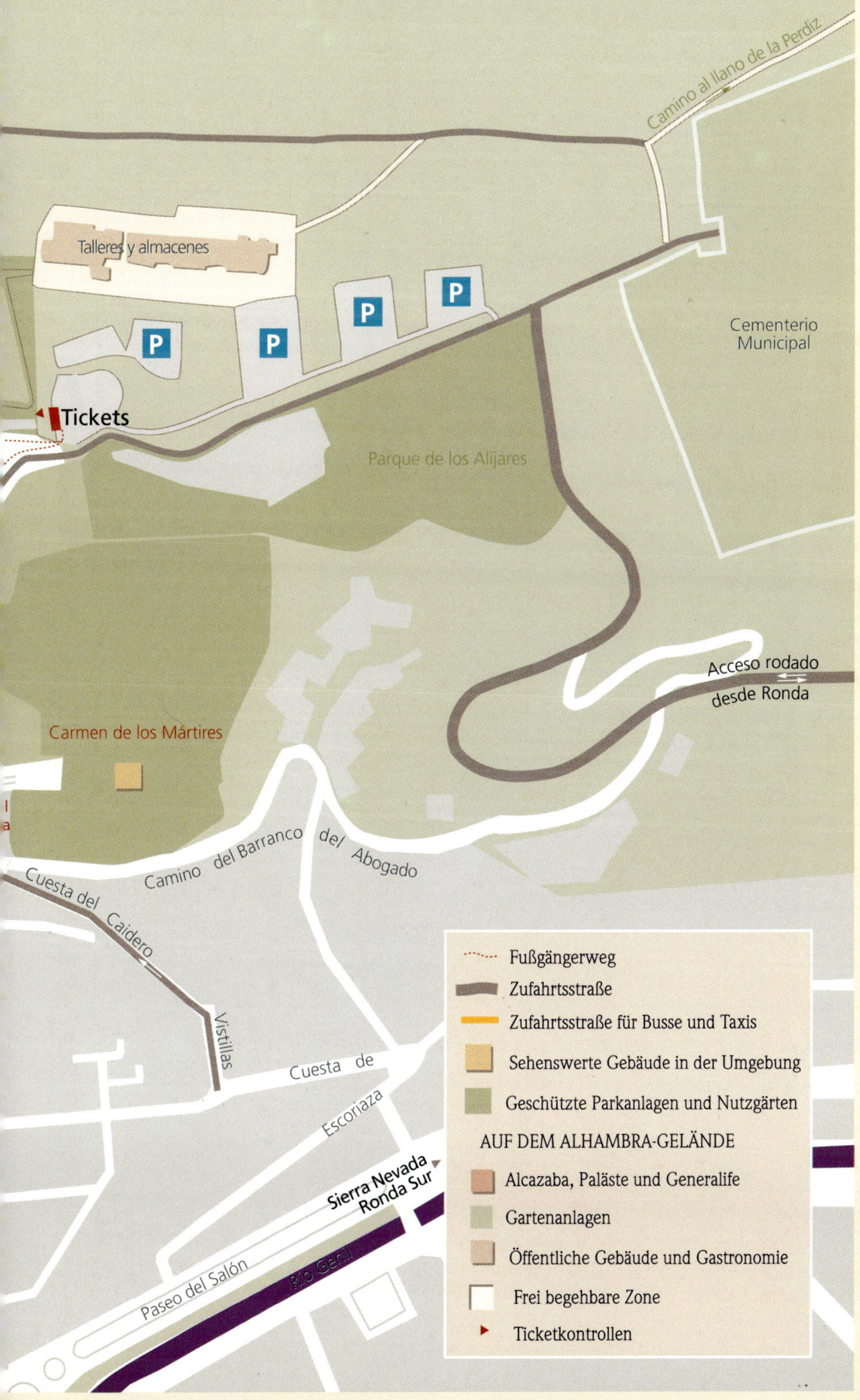
PARQUE DE INVIERNO
Camino al llano de la Perdiz
Talleres y almacenes
P
Cementerio Municipal
Tickets
Parque de los Alijares
Acceso rodado desde Ronda
Carmen de los Mártires
Camino del Barranco del Abogado
Cuesta del Caidero
Vistillas
Cuesta de Escoriaza
Sierra Nevada Ronda Sur
Paseo del Salón
Río Genil
Fußgängerweg
Zufahrtsstraße
Zufahrtsstraße für Busse und Taxis
Sehenswerte Gebäude in der Umgebung
Geschützte Parkanlagen und Nutzgärten
AUF DEM ALHAMBRA-GELÄNDE
Alcazaba, Paläste und Generalife
Gartenanlagen
Öffentliche Gebäude und Gastronomie
Frei begehbare Zone
Ticketkontrollen

Owen Jones y Goury, 1842

Einleitung

Auf dem Roten Berg oder Cerro de la Sabika gelegen erhebt sich stolz und zeitlos die Zitadelle der Alhambra, eines der wichtigsten Bauwerke der mittelalterlichen Archi-tektur und bedeutendster Vertreter der islamischen Baukunst im Abendland.

Die Anhöhe, die der Alhambra als Fundament dient, hat die Form einer Raute, die im Osten durch den Cerro del Sol begrenzt ist, auf dem der Generalife und Silla del Moro thronen. Im Norden ist sie durch den Darrofluß begrenzt, im Westen von der Alcazaba und im Süden vom „Kanal des flüssigen Silbers" , wo sich der heutige Hauptweg durch den Wald befindet, der den Cerro del Mauror mit den Torres Bermejas verbindet.

Der über 700 Meter hohe Berg der Alhambra ist ein Ausläufer der Sierra Nevada. Der aus Schiefer und Quarz bestehende Boden des Roten Berges ist jünger als andere Anhöhen in der Umgebung, aber doch alt genug, damit die angeschwemmten Materialien durch verschiedene Kristallisationen haltbar und stabil werden konnten, ohne einen echten Stein zu bilden. Dieser eisenhaltige Boden gab dem ganzen Gebiet die rote Farbe und war jahrhundertelang die feste und solide Stütze fur die Zitadelle der Alhambra. Die Alcazaba ist der Bug eines riesigen Schiffes, das in Richtung zur Stadt schaut. Es ist über 200 Meter breit und 700 Meter lang, von der Alcazaba aus bis zum "Cabo de la Carrera» Turm. Über 2 km lange Mauern mit 30 teilweise schon zerstörten Türmen umringen die 13 Hektar grosse Oberfläche.

Die grosse Bedeutung der Alhambra in der Baukunst sollte nicht vergessen werden. Denn alle betrachten dieses Monument nur als Touristen. Im «Manifiesto de la Alhambra" (1953), ein Werk, das von mehreren spanischen Architekten herausgegeben wurde, kann man lesen: «Die Alhambra ist ein Monument, das niemals unter architektonischen Gesichtspunkten betrachtet wurde. Wir denken, dass sogar diese Berufs- bewussten, die den Escorial mit kritischen Augen analysierten, später die Alhambra als normale neugierige Touristen betrachteten und ihr Wohlgefallen höchstens mit folgenden Äusserungen entschuldigten: *"Ja, das gefällt mir, aber nicht als Bauwerk!"»*. Auf den Seiten 13 und 14 desselben Textes kann man lesen: *«Erstaunlich ist die Ähnlichkeit zwischen diesem Gabäude aus dem 14. Jh. und den heutigen fortgeschrittenen Bauwerken; dieselben Masse, dieselbe asymmetrische, gegliederte Komposition der Grundrisse, dieselbe Vereinigung zwischen Gärten und Gebäude, dieselbe sparsame und strenge Verwendung der Materialien, ohne Anwendung von unnötigen Verzierungen, und so vieles mehr, dass man alles nur mühselig enumerieren könnte"*.

Die alte Alhambra ist durch ihre Auffassung und Bauart tatsächlich ein ganz moderner architektonischer Komplex. Sie entspricht den Angaben des berühmten Architekten des 20 Jahrhunderts, Le Corbusier. Laut ihm, ist die moderne Architektur "*die kluge, richtige und prachtige Vereinigung der Räume unter dem Licht*".

Und dies ist der ideale Begriff in seiner "Cité Moderne" (1922). In seinen Bauten versucht er die Landschaft in die Innenräume zu bringen, indem sein Mass immer die Menschengrösse ist.

"*Das Moderne in der Alhambra ist eben die harmonische Asymmetrie, die Abwechslung zwischen Licht und Schatten, die Vereinigung des Hauses mit der Perspektive des Himmels, des Wassers und der Landschaft, die Bauart mit flachen Bogen und «die geschickte Berücksichtigung der Natur bei der Planung des Gebäudes»*. Dieser letzte Satz stammt von Prieto Moreno, der jahrelang Architekt und Aufseher des Bauwerkes war. Er schrieb: «Die Alhambra vereinigt in ihren Räumen viele heute noch gültige architektonische Werte, die als Meisterwerke betrachtet werden sollen». Ausserdem haben alle Paläste und Höfe die gleiche winkelrechte Lage, auch wenn sie auf verschiedenen Höhen gebaut wurden und nicht gleichzeitig entstanden.

Die Alhambra wuchs immer weiter und ihr Prunk wurde immer grösser. Am Anfang wurde nicht eine Einheit mit verschiedenen Bauten geplant, sondern es entstand eine Alcazaba (Ende des 9.Jh.), die im Jahre 1238 dem Muhammad ben Yusuf ben Nasr, Herrn von Arjona, als Residenz diente. Dieser Heerführer besiegte seinen Gegner Ibn Hud und das Königreich von Granada erreichte solchen grossen Ruhm, dass die alte Alcazaba nicht mehr gross genug für einen richtigen König war. Nasr und seine Nachfolger bauten dann Schlösser, Bäder, Moscheen, Schulen, usw., bis eine Schlosstadt entstand, die eine immer grössere adelige Bevölkerung beherbergte.

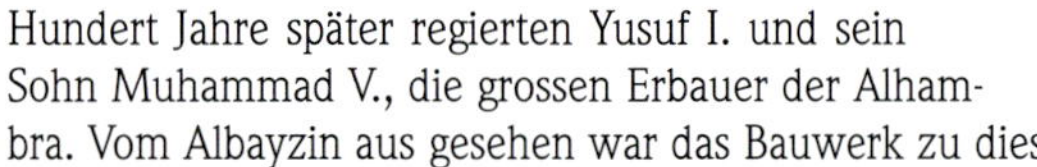

Hundert Jahre später regierten Yusuf I. und sein Sohn Muhammad V., die grossen Erbauer der Alhambra. Vom Albayzin aus gesehen war das Bauwerk zu dieser Zeit ein weisser Palast, über eine grüne Pflanzenplinthe ausgebreitet. Der Wald reichte bis zum Darroufer hinunter und war eine Art Tierpark, in dem die Tiere frei leben konnten. Aus allen Fenstern der Paläste konnte man diesen schönen Blick geniessen.

Für Titus Burckhardt war "*...die Alhambra mehr als nur ein Palast, sie war eine königliche Stadt in verjüngtem Maßstab, mit ihren Wohn und Verwaltungsgebäuden, Kasernen, Ställen, Moscheen, Schulen, Bädern, Friedhöfen und Gärten. Von all dem ist nur die eigentliche königliche Residenz erhalten geblieben. Es ist beinahe ein Wunder, daß diese noch erhalten ist, denn trotz all ihrer Pracht ist sie so schwerelos in ihrer Bauart, daß es scheint als sei sie leichtfertig erbaut worden. Die Festung an sich ist robust und das mußte sie sein, aber die Gebäude im Inneren wurden nicht für die Ewigkeit errichtet. Das stünde im Widerspruch zur islamischen Denkweise, die sich der Vergänglichkeit aller Dinge bewußt ist. So ist das Wohngebäude des Herrschers als Unterkunft für einen begrenzten Zeitraum gedacht. Das ist nur einer der zahllosen Widersprüche die man in der Alhambra feststellen kann, wenn man sie vor dem Hintergrund der Richtlinien betrachtet, an die wir von anderen fürstlichen Bauwerken im übrigen Europa gewohnt sind. Eben diese „Andersartigkeit" ist es aber, die den Sinn der granadinischen Architektur ausmacht. Im Gegensatz zu den fürstlichen Residenzen im übrigen christlichen Europa gibt es in der Alhambra keine Fassade, keine Zen-*

Panoramaansicht von Granada. A. Van der Wyngaerde, 1567

tralachse, um die herum die Gebäude angeordnet sind. Es gibt keine Fluchtlinie, auf der man von einem Saal in den anderen gelangt, keine Steigerung vom allmählichen Auftakt bis hin zum absoluten Höhepunkt. Statt dessen schreitet man durch langgezogene Gänge in jeden der Innenhöfe, von denen scheinbar zufällig die Räume abgehen. Es ist unmöglich zu erahnen, was für Welten noch hinter den Mauern verborgen liegen. Es ist fast wie in dem orientalischen Märchen vom Wanderer, der in einen Salzteich geworfen wird und darin einen unterirdischen Palast mit Gärten und Jungfrauen findet, wo er zwölf Jahre lang glücklich lebt bis er eines Tages ein vergessenes Türchen öffnet, das in einen noch herrlicheren Palast führt…

"Nichts dergleichen ist in der Alhambra zu sehen, wo die glatten, luftigen Oberflächen der Mauern perforiert sind: an den Türen, Fenstern und Arkaden, wo ihr Gewicht sichtbar sein müßte, löst es sich in feine Waben auf, in abperlendes Licht, und die Säulen der Arkadensäle sind so zart, daß jegliches Bauwerk, das sich über ihnen erhebt, schwerelos zu sein scheint…"

Und er fügt hinzu: "Die klassische europäische Architektur ist immer bemüht, den Beobachter teilhaben zu lassen am Zusammenspiel der statischen Kräfte. Das ist der Hauptzweck der Säulen, die dem menschlichen Körper gleichen und die den Maßstab setzen für das, was in die Höhe strebt und das, was in die Tiefe strebt. Auch die Sockel, Pfeiler, Bogen und Träger unterstreichen diese im Bau auftretenden Kräfte.

“Die architektonische Ausführung der Alhambra läßt es nicht zu, daß der Beobachter sie mit dramatischer Haltung durchschreitet. Sie steigert nicht das Erleben der Mächte jenseits der menschlichen Maßstäbe. Sie ist so teilnahmslos, klar und gelassen wie jene Geometrie auf die sich Plato bezog, als er sagte, daß niemand ohne sie in das Haus der Weisheit einziehen wird…” *(T. Burckhardt).*

View of Granada in an engraving by Hoefnagel (1563)

Es soll darauf aufmerksam gemacht werden, dass in diesem Buch fast immer der Ausdruck «Moslem» anstatt «Araber» benutzt wird, wenn die früheren Bewohner der Medina al-Hamra gemeint werden. Arabisch ist eine Nationalität und die Erbauer dieses Wunders des Mittelalters, das wir Alhambra nennen, waren Spanier, Enkel und Urenkel von Spaniern, die arabisch sprachen und die islamische Religion praktizierten. Sie waren die Schöpfer einer Kultur ohnegleichen.

Als Abschluss könnten die Sätze des Dichters aus Almería, F. Villaespesa, dienen, die der Alhambra gewidmet wurden, und die heute auf der Gedenktafel neben dem Tor der Granatäpfel zu sehen sind:

Nicht einmal der Schatten dieser Mauern
wird vielleicht überstehen;
aber deren Erinnerung
wird als einziger Zufluchtsort für Traum
und Kunst unvergänglich sein.
Die letzte Nachtigall auf der Welt wird dann
zwischen den glorreichen Ruinen der Alhambra
ihr Nest bauen und
als Abschied ihre Lieder singen.

Geschichte

Die Alhambra und ihre Gründer

Die Alhambra wurde nicht zu einem bestimmten Zeitpunkt als vollständiges und perfektes Werk erschaffen. Sie ist vielmehr das Resultat von Bautätigkeiten, die sich während des Zeitalters von al-Andalus über dreihundert Jahre ausdehnten und dann im Zeitalter der Christen praktisch bis in die heutige Zeit fortgesetzt wurden. Als einzigartiger Vertreter der islamischen Kunst reichen die Wurzeln der Alhambra bis in die Epochen vor al-Andalus, und greifen auf persische und nordafrikanische Modelle zurück. Auch der christliche Einfluß hat seinen Ursprung vor der Eroberung durch die Katholischen Könige, im mittelalterlichen Kulturaustausch der Iberischen Halbinsel, die vielleicht nicht so zweigeteilt war, wie es immer dargestellt wird. Das Wissen um die Geschichte ihrer Gründer ist unabdingbar für ein ganzheitliches Verständnis ihrer Vielschichtigkeit.

Geschichtliches Chronologie

Jahr	*Königreich*	*Die Christlichen Königreich*	*Heiliges Römisches Reich*
711	*Tarik b. Ziyad. Die Mohammedaner dringen in Spanien ein.*	***732*** *- Schlacht bei Tours-Poltiers. Karl Charles Martel*	***714.-*** *Karl der Hammer, König der Franken*
755	*Abd al-Rahman I. Iandet in Spanien. Almuñecar (755-788)*	***830.****-Man findet die Reliquien des hlgJacobus in Santiago de Compostela*	***768.****- Karl der Große-814* ***843.****- Karl der Kahle, Ludwig der Deutsche*
822	*Abd al-Rahman II. (822-852).*	***904.****- Gründung von Cluny* ***1037.****-Wiedereroberung von Leon*	***911-918.****- Konrad I* ***936-973.****- Otto I Schlacht bei Lechferld*
922-	*Abd al Rahman III (912-961). Kalifat von Cordoba*	***1081.****-Verbannung des Cid* ***1085.****- Wiedereroberung von Toledo*	***1039-1056.****- Heinrich III* ***1056-1106.****-Heinrich IV Canosa (1077)*
1031 ***1038***	*Ende des Kalifats* *BADIS, Konig v. Granada*	***1094.****-Der Cid erobert Valencia* ***1099.****- Der Cid stirbt in Valencia*	
1073	*'Abd Allah Konig v. Granada*	***1118.****- Wiedereroberung Zaragozas* ***1139.****- Unhabhängigkeit Portiugals*	***1106-1125.****- Heinrich V* ***1122.****- Konkordat v. Worms*
1090	*Almoraviden (1090-1145)*	***1158.****- Gründung der Universität von Bologna*	***1152-1190.****-Fridrich I Barbarosa*
1107	*Granada wird Hauptsatadt der Almoraviden*	***1170.****- Gründung der Univ. von Paris* ***1209.****- Franz v. Assisi: Franciscaner* ***1212.****- Schlacht der Navas de Tolosa* ***1216.****- Domingo de Guzman: Dominikaner*	***1162.****-Die Reliquien der Heiligen drei Könige werden v. Mailand nach Köln gebracht. (v. Dazel)*
1147	*Almohaden (1147-1231)*	***1217.****- Ferdinand II. König v. Kastilien* ***1219.****- Gründung der Universität von Salamanca*	***1212-1250.****-Fridrich II von Sicilien* ***1227.****- Deutecher Orden nach Osten*
1172	*Die Almohaden vereinigen Al-Andalus*	*Kreuzfahrt und Bernardus*	***1232.****- Inquisition in Marburg* ***1237.****-Wien wird Reichsstadt* ***1240.****- Dschingis-Kahn*
1217	*Muhammad V Ben Hud v. Murcia*		***1248.****- Grundsteinlegung des Köner Domes*
1238	*Mohamed I (1238-1273) stifter der Nasriten*	*1236.- Wiedereroberung Cordobas* *1238.- Wiedereroberung Valencias*	
1239	*Der Bau der Alhambra beginnt. Bau der Alcazaba*	*1248.- Wiedereroberung Sevillas*	***1267.****- Hinrichtung Konradins*

Das Arabische Spanien	*Die Christlichen Königreich*	*Die Christlichen Königreich*
***1273-1302**.-Mohamed II* *Bau des Mexuar*	*1248.-Wiedereroberung Sevillas*	***1256-1273**.- Ausländisches Interregnum. Alfons X v. Kastilien u. Richar V. v. Corwall*
***1302-1309**.-Mohamed III. Bau des Königsmoschee u. deröffentlichen Bäder der Medina d er Alhambra* *(Polinario)*	*1256-1273.- Alfons X v. Kastilien* *Philip IV der Schöne v. Frankreich*	***1273-1291**.- Rudolf I. v. Habsburg* ***1291**.-„Ewiger Bund” der sch weizer Urkantone Uri, Schwyz. Unterwalden* ***1298-1308**.-Albrecht I v. Habsburg.*
***1309-1314**.- Nasr* ***1314-1325**.- Isamil II* *Bau des Generalifes*	*1309-1376.- Der Papstsitz wird nach Avignon verlegt*	***1308-1313**.- Heinrich VII* ***1313-1346**.-Ludwig IV. v. Bayern. (Wietelsbacher)*
1333-1354**.- **Jusuf I *Tor der Gerechtigkeit Verteidigungsmauer der Stadt,Comarespalast, Myrtenhof, Tronsaal, Gwfangenen Turm.* *1349.- Gründung der Madrasa Arabische Universität.*	*1339-1453.- Hunderjähriger Krieg.* *1340.-Schlacht bei el Salado*	***1315**.-Schlacht bei Morgarten.* ***1346-1378**.-Karl IV (Luxenburger)* ***1348**.- Die Pest* ***1348**.-Gründung der Universität von Prag*
1354-1359**.-* ***1362-1391**.- **Mohamed V *Löwenhof und Harem*	*1350-1369.-Peter der Grausame v. Kastilien* *1364.- Bau der Alcazar von Sevilla*	***1356**.- Goldene Bule* ***1365**.-Gründung der Univ. Wien* ***1386**.-Universität Heidelberg*
1408-1417.- Yusuf III	*1410.-Wiedereroberung Antequeras* *1415.-Eroberung Ceutas*	***1388**.-Universität Köln* ***1410-1438**.-Segismund* ***1415**.-Flammentod Jan Huss* *Hohenzollern erwerben Brandenburg*
1432-1445.-Mohamed IX	*1431.- Schlacht der Higueruela*	***1419**.-Hussiten Krieg*
1445-1461.- Sa'ad		***1438-1439**.-Albrecht II v. Habsburg. Die ununterbro chene Regierung der Habsburger beginnt.*
1464-1485 Muley Hassan (Mulhacén)	*1474-1504.- Isabel v. Kastilien*	*1440-1493.-Friedrich III v. Habsburg*
1482.-Anfang des Krieges gegen Castilien. Eroberung von Zahara	*1479-1516.-FerdinanV. v. Aragonien* *Verheiratet seit 1469*	*1453.- Die Türken erobern Konstantinopeln*
1485.-1492.-Boabdil *Letzter König Granadas*	*1479.- Vereinigung Kastilien-Aragonien*	*1472.-Sein Sohn Maximilian vermählt sich mit Maria v. Burgund*
	1492.- Wiedereroberung Granadas. *Vertreibung der Juden* *Entdeckung Americas* *Columbus*	*1493-1519.-Maximilian I. der letzte Ritter*

AL-ANDALUS

711 fielen die Mauren aus dem Norden Afrikas auf der Iberischen Halbinsel ein, um den Anhängern des Königs Witzia gegen den Westgotenkönig Roderich beizustehen. Angesichts dessen, daß die Christen militärisch nicht einsatzbereit waren und die Bevölkerung keinen Widerstand leistete, nahmen sie innerhalb von drei Jahren mit Ausnahme eines schmalen Landstreifens in Kantabrien fast die gesamte Iberische Halbinsel ein. Obwohl sie unter arabischer Führung standen, bestand der größte Teil der einfallenden Truppen aus nordafrikanischen Berbern.

In dunkler Farbe *vom Kalifat beherrschtes Gebiet*

WEGE DER EROBERUNG
Tariq
Musa
Tariq y Musa
Abd al'Aziz

Während des von Damaskus abhängigen Emirats bestanden jahrhundertelang die halbfeudale Gesellschaft um die früheren christlichen Herren (Muladien) und die auf der Gleichstellung basierenden Stammesstrukturen der Berber nebeneinander her. Anfänglich war die Gründung eines islamischen Staates geplant, der eine auf Steuern gestützte, zentrale Verwaltung und den städtischen Charakter des Gesellschaftslebens zum Ankerpunkt haben sollte.

Die ersten bekannten Berichte über Bauten auf dem Alhambraberg stammen aus der Zeit der fitna, einem Bürgeraufstand vor Beginn des Kalifats. Dort wird eine Festung erwähnt, die der Belagerung des Muladies Umar b. Hafsun standhielt.

Abd al-Rahman III. rief im Jahre 929 in Córdoba das unabhängige Kalifat aus und baute so die Reformen trotz dem Widerstand der Muladien und der Unzufriedenheit der bei der Aufteilung des Landes benachteiligten Berber weiter aus. So begann die Blütezeit des Islams in Andalusien, die sich in der imposanten Moschee von Córdoba und in der Kalifenstadt Madinat al-Zahra, dem politischen Machtzentrum des Kalifats, widerspiegelt. Es wurden neue Städte gegründet und Militär- und Wohnanlagen errichtet. Mit dem disziplinierten Heer, mit den Gerichtshöfen, in denen die alfaquíes alltägliche Streitigkeiten unter Anwendung des Koran lösten, mit den Bürgervertretern innerhalb der zentralisierten Verwaltung und einer angemessenen Toleranz gegenüber der Privatsphäre war das Kalifat dem übrigen Europa Jahrhunderte voraus.

Anfang des 11. Jh. führten Auseinandersetzungen der regierenden Machtgruppen zur Aufspaltung des Kalifats in die sogenannten Reinos de Taifas, lokale Machtgruppen, die das kulturelle und städtische Leben wiederaufleben ließen, dabei allerdings den Christen gegenüber an Einfluß verloren. Bei Einmarsch Alfonso VI. in Toledo im Jahre 1085 sahen sie sich gezwungen, die aus dem Maghreb stammenden Almoraviden aus Nordafrika zu Hilfe zu rufen. Diese waren rigorose Krieger, unterwarfen die verschiedenen Taifas und hielten die Christen kurze Zeit lang zurück, bis sie 1146 von den nordafrikanischen Almohaden abgelöst wurden. Diese konnten die Herrschaft über einen großen Teil der Halbinsel zurückgewinnen, bis sie 1212 in der Schlacht von Navas de Tolosa bei Bailén von Truppen aus Kastilien, Aragonien, Navarra und europäischen Kreuzrittern geschlagen wurden. Von diesem Zeitpunkt an beginnt der unaufhaltsame Niedergang der maurischen Herrschaft auf der Iberischen Halbinsel, der nur noch von der ruhmreichen Nasridendynastie unterbrochen werden sollte.

In den Schriften ist die Rede vom Palast des jüdischen Visiers Samuel Ibn Nagarela (Anfang 11.Jh.) auf dem Gelände der Alhambra, der heute nicht mehr existiert.

Der Angriff von Alfonso XI. im 14.Jh. reduzierte das Königreich auf die heutigen Provinzen von Granada, Málaga und Almería: die Berggegenden Andalusiens. Für die Christen war es vielleicht vorteilhafter, dafür Steuern einzufordern, als sie zu erobern.

DIE NASRIDENDYNASTIE

Muhammad ibn al-Ahmar ibn Nasr stammte von einem in Arjona (Jaén) ansässigen Geschlecht ab, von wo aus er die Vorstöße der Kastilier in den ersten Jahrzehnten des 13.Jh. abwehrte. Nachdem er davon überzeugt war, daß ein Sieg gegen die Christen unmöglich war, rief er ein Bündnis zwischen verschiedenen aristokratischen Geschlechtern nahe der Grenze ins Leben. Im Jahre 1246 gelang ihm eine Absprache mit Ferdinand III, die die Festigung eines Reiches im Süden der Halbinsel erlaubte, das von Almería bis hin zur Meerenge von Gibraltar reichte und Granada als Hauptstadt hatte. Dieses Reich war von den Kriegern an den Grenzen beherrscht, wodurch die alteingesessenen Familien vor Ort ins Hintertreffen gerieten und benachteiligt oder einfach mit eingegliedert wurden.

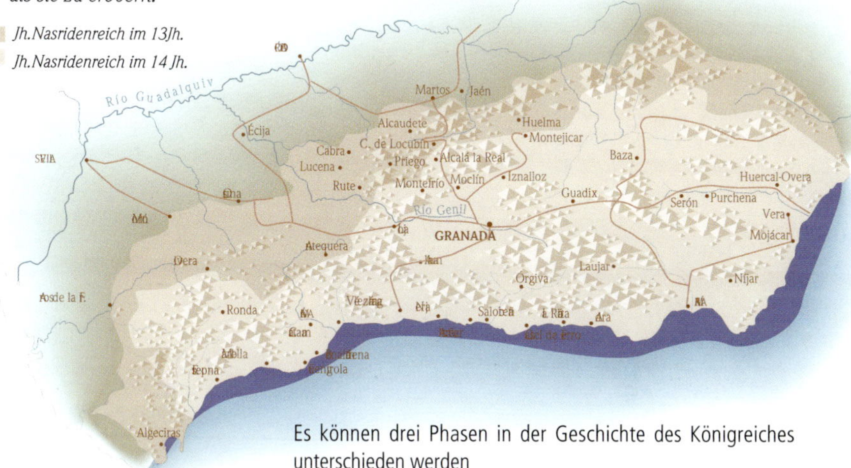

Es können drei Phasen in der Geschichte des Königreiches unterschieden werden

1 Strukturierung und Konsolidierung von der Gründung (1238) bis 1325, die sich laut Professor Manuel Acién durch Militarismus und äußerlich aufgrund der westlichen „Kontaminierung" durch Feudalstrukturen auszeichnet (Wappen, militärische Ausrüstung...). Es kann zwar nicht von einer Einführung des Feudalwesens gesprochen werden, aber fast alle Stammesbindungen zwischen Arabern und Berbern waren zu diesem Zeitpunkt auf Grund der Familienwanderungen und der Exogamie so gut wie verschwunden. Deshalb wurde dieses Gesellschaftssystem, das 600 Jahre nach der Invasion aufkam, nach wirtschaftlichen und politischen Kriterien strukturiert, so dass die Herrschaftsgeschlechter zu wahrem Adel wurden, der über dem Rest der Gesellschaft stand. Die Beamten standen im Zusammenhang mit den politischen Mächten und so auch die alfaquíes, die mit der Auslegung des Koran betreut waren.

Die Alcazaba ist Ausdruck der formalen „Verwestlichung" in dieser Zeit. Der Wachturm, dessen Bau al-Ahmar persönlich anordnete, gleicht einem perfekten Beispiel einer Residenz im Feudalstil. Weitere Türme der Alcazaba, wie der Huldigungsturm, wurden wieder-errichtet oder umgestaltet. Aus dieser Zeit stammen die Anfänge der "Sommerpaläste", wie der Partal oder der Generalife.

2 Während der **Blütezeit** kam es unter Jussuf I (1333-1354) und dessen Sohn Mohammed V (1354-91) zu einer „Islamisierung". Dieser Prozess begründet sich im zunehmenden Einfluss der banu al-Sarray (Abencerrajes) und der banu Kumasa. Beide Geschlechter standen im Zusammenhang mit den Kreisen der alfaquí, die den Andalusí-Traditionen eng verbunden waren. Der Sultan war zwar der absolute Alleinherrscher, übertrug aber seine Aufgaben teilweise den Visieren oder Ministern. Es gab eine Ratsversammlung, den Maylis, der aus angesehenen Persönlichkeiten des Reiches bestand, sowie einen Gerichtshof. Das öffentliche Finanzwesen nahm Gelder aus der Direktbesteuerung und den Abgaben für Handel, Bäder, Erbschaften, etc. ein. In Granada wurden mehrere Gebäude im typisch islamischen Stil errichtet: die Medrese, Schule des Koran; das Maristán (Krankenhaus), usw. Der Bau der Alcaicería und des Getreidemarktes regte den Handel an. Davon zeugt heute noch der Corral del Carbón.

3 **Niedergang.** Im 15.Jh. verstärkten sich die Auseinandersetzungen zwischen den einzelnen Familien aufgrund der Abwesenheit einer klaren Struktur in der Gebietsverwaltung, welche aufgrund der Mächteverteilung zwischen den Krieger-geschlechtern praktisch unmöglich war. Vor diesem Hintergrund fand der letzte Bürgerkrieg zwischen Muley-Abul Hassan (Mulhacén) und seinem eigenen Sohn Boabdil statt, entfacht von der Ehefrau und Mutter Aixa, die sich der Konkubine Isabel de Solís entledigen wollte, welche den Thron für ihren eigenen Sohn beanspruchen wollte. Zusätzlich sahen sie sich sich noch den Katholischen Königen gegenüber, die nach der Befriedung ihrer Reiche nun fest entschlossen waren, das Königreich Granada zu annektieren. Dies erreichten sie mit den Kapitulationen im Jahre 1492, die im Grunde die Rechte der Besiegten anerkannten, was aber nicht besonders konsequent befolgt wurden.

ussuf I und Mohammed V machten aus der Alhambra eine echte "Hofstadt," die den wachsenden Verwaltungsbedarf im Königreich deckte. Die Alcazaba wurde ausschließlich zum Militärbereich, getrennt vom Privatbereich und von den Regierungsgebäuden. Unter Jussuf I wurden auch der Empfangssaal (Mexuar-Saal) von der Privatresidenz (Comarespalast) getrennt, wobei der große Thronsaal für einige Botschafterempfänge genutzt wurde. Die radikale Trennung zwischen öffentlichem und Privatbereich fand unter Mohammed V statt, der in seinem eigenen Palast (Löwenpalast) wohnte und den Comarespalast politischen Anlässen weihte.Rings um die königlichen Paläste entstehen weitere Paläste von angesehenen Familien, eine Moschee, Privathäuser der Beamten, Soldaten und Kunsthandwerker, öffentliche und private Bäder. Das Waffentor im Norden diente normalerweise als Zugang zur Alcazaba und den Palästen, und Siete Suelos im Süden als Zugang zur Hofstadt.

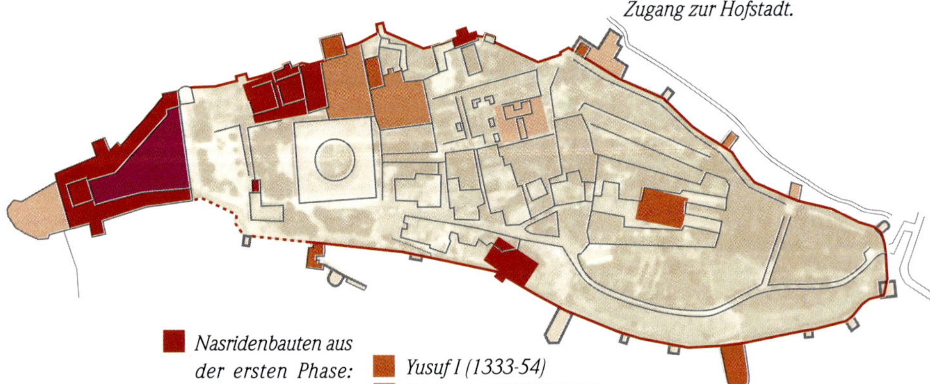

Vor den Nasriden: Kernbereich der Alcazaba.

Nasridenbauten aus der ersten Phase: Rest der Alcazaba, Gebiet des Machuca-Mexuar, Weintor, einige heute verschwundene Paläste,- Pórtico del Partal, Abencerragen-Palast, Anfangsphase des Generalife.

Yusuf I (1333-54)
Muhammad V (1354-91
Bauten den Kernbereich der Paläste. Dazu kommt das Tor der Gerechtigkeit und das der Siete Suelos. Aus der Zeit stammt auch ein Palast im heutigen Parador.

Aus der letzten Phase stammt der verschwundene Palast Jussufs III (heute: Gärten des Partal), Bollwerke in den Mauern und Wohntürme wie der Turm der Infantinnen.

DIE CRISTLICHE PERIODE

Für die katholischen Könige erfüllte sich mit der Eroberung Granadas der jahrhundertealte Traum der Kastilier: die Eroberung der meist geschätzten Kriegsbeute, die es zu erhalten und an die Bedürfnisse künftiger Generationen anzupassen galt. Zu diesem Zweck wurde D. Iñigo López de Mendoza, Graf von Tendilla und Markgraf von Mondéjar, mit der Regierung der Zitadelle beauftragt. Seine Familie sollte die Stadtverwaltung bis ins Jahr 1718 innehaben. Der Enkel der katholischen Könige, Karl V, wollte die Alhambra zum Mittelpunkt seines Reiches machen, das Afrika als logisches Expansionsgebiet ansah im Hinblick auf die Macht des Türken Suleimán, der es wagte, Wien anzugreifen. Die Entdeckung Amerikas brachte eine Verlagerung der politischen und wirtschaftlichen Interessen in Richtung Atlantik mit sich, besonders nach der Niederlage der Türken in Lepanto. Phillip II führte die Arbeiten am Palast fort, der aber niemals vollendet wurde.

Die Festung wurde der neuen militärischen Verwendung angepasst und verstärkt. Die Paläste wurden so umgebaut, dass sie nach christlicher Sitte bewohnbar waren. Der gesamte Verkehr in der Zitadelle änderte sich, als der heute als Cuesta de Gomérez bekannte Weg hergerichtet und damit das Tor der Gerechtigkeit und das Weintor im Süden zu Haupteingängen wurden, wodurch der alte Nordzugang durch das Waffentor ersetzt wurde. Das Granatapfeltor und der sogen. Brunnen Karls V., im Auftrag von Tendilla errichtet, wurden zum Symbol dieser neuen räumlichen Ausrichtung.

Der Mexuar wird zur Kapelle zusammen mit dem kleinen Hof, der vorher als Zugang zum Goldenen Saal diente.

Der Garten vor dem Lindajara Hof wird mit einer Säulengalerie überdacht und die sogen. Gemächer Karls V werden an den Comarespalast angebaut.

1495 wird auf den Ruinen eines Nasridenpalastes ein Franziskanerkloster errichtet

Schliesslich wird die Alcazaba an den Rest des Geländes angegliedert, indem der Hang, der sie von der Zitadelle trennte, durch den Bau einer Zisterne aufgefüllt wird, und darüber dein Platz angelegt wird. Die Umgebungsmauern werden geschlossen, einige Türme ausgebessert und im 16.Jh. wird der Tahonaturm oder Cubo dazugebaut.

Die grosse Moschee wird zur christlichen Kirche umfunktioniert: Sta. María de la Alhambra.

Der Palast Karls V wird entworfen, aber nicht fertiggestellt.

Das Bauwerk war den Wandelungen der Geschichte ausgesetzt. Als die Bourbonen die Krone erbten, leisteten die Burgvögte der Alhambra im Erbfolgekrieg von 1714 Widerstand, der ihre Entmachtung zur Folge hatte und den Verfall der Zitadelle nach sich zog. Über hundert Jahre sollten vergehen, bis Anfang des 19.Jh. die Romantiker, geblendet von der Schönheit ihrer Ruinen, die Anlage aus ihrem uralten verstaubten Traum erweckten.

NASRIDEN DYNASTIE *(nach D. Luis Seco de Lucena)*

Fettgedruckt: *der Name, unter dem der König herrschte.*

In Klammern: Zeitfolge der Dynastie.

(1) Muhammad ben Nasr, al-Ahmar, ***Muhammad I*** *(1237-1273)*

(2) Abu Abdi-Llah ***Muhammad II*** *(al-Saguir) (1273-1302)*

(4) ***Nasr,*** *Usurpador (1309-1314)*

(3) ***Muhammad III*** *(1302-1309)*

Abu Said Faray

Muhammad

(5)Abu-l-Walid ***Isma'il I*** *(1314-1325)*

(9) ***Isma'il II*** *(1359-1360)*

(6) ***Muhammad IV*** *(1325-1333)*

(7) Abu-l- Hayay ***Yusuf I*** *(1333-1354)*

(10) Abu-Saab, ***Muhammad VI*** *"El Bermejo" usurpador (1360-1362)*

(8) Abu'Abdal-Lah, Ben Al- Hayay ***Mohammad V*** *"al-Gani billah" (1354-1359//1362-1391)*

Ibn al- Mawl ?

(16) ***Yusuf IV*** *Ibn Selim (1430-1432)*

Yahya al Nayyar

(11) Abu-l-Hayay ***Yusuf II*** *(1391-1392)*

Nasr

(12) ***Muhammad VII*** *(1392-1408)*

'Uzman

'Ali

(13) ***Yusuf III*** *(1408-1417)*

Ahmad

(15) ***Muhammad IX*** *"El zurdo" der Likshändiger (1419-1427// 1429-1445//1447-1453)*

(20) ***Sa'd*** *(1454-1464)*

(14) ***Muhammad VIII*** *(1417-1419)*

(18) ***Yusuf V***

(17) ***Muhammad X*** *"El cojo" der Hinkende (1445-1447)*

(19) ***Muhammad XI*** *(1448-1454)*

Muhammad ibn Sa'd (El Zagal)

(21) ***Abu-L-Hasan 'Ali*** *(Muley Hasan) (1464-1485)*

(22) Abu-'Abdi-Llah, ***Muhammad XII*** *(Boaddil) (1482-1491)*

DIE BESICHTIGUNG DER ALHAMBRA

Die Alhambra ist eine ausgedehnte Anlage, für deren ausführliche Besichtigung mindestens ein halber Tag eingerechnet werden sollte, empfehlenswert ist ein ganzer Tag. Für die Besichtigung der folgenden drei Hauptbereiche sind Eintrittskarten erforderlich: Alcazaba, Nasridenpaläste mit Partalgärten und Generalife. Der Zutritt zum Palast Karls V. und zum Museum der Alhambra sind frei.

Die Karte auf den nächsten Seiten zeigt die gesamte Anlage auf einen Blick. Es sind Verbindungswege eingezeichnet, auf denen man zwischen den verschiedenen Bereichen hin-und hergehen kann. Wichtig: die Eintrittszeit für die Nasridenpaläste muß auf der Eintrittskarte abgelesen werden (sie ist auf 30 Minuten beschränkt). Die Besichtigung der übrigen Bereiche kann ohne zeitliche Beschränkung frei eingeteilt werden.

ALBAYZÍN
Río Darro
Cuesta de los Chinos
Hu
Jardines del Partal
C
4
PALACIOS NAZARÍES
Sta. María de la Alhambra
D
B
Palacio de CARLOS V
Calle Real
Puerta del Vino
Plaza de los Aljibes
A
Puerta de la Justicia
Pilar de Carlos V
ALCAZABA
Acceso peatonal desde Cuesta de Gomérez
BOSQUE
Puerta de las Granadas

GENERALIFE
Albercones
Jardines Nuevos del Generalife
la Alhambr
Puente de conexión
Alhambra-Generalife
TICKETS
P
SECANO
Parador de
Turismo
LA ALHAMBRA
REALEJO
VERBINDUNGSWEGE ZWISCHEN DEN EINZELNEN BEREICHEN
1 Rundgang außerhalb der Mauern. Verbindung zwischen Ticketschalter/Generalife und Puerta de la Justicia.
2 Zypressenallee. Secano. Verbindung zwischen oberem Alhambrabereich, Generalife und Palastanlagen ohne Betreten der Paläste.
3 Rundgang Partal/Türme. Verbindungsweg zwischen Palastanlagen, oberem Alhambrabereich und Generalife nach Besichtigung der Paläste
4 Ausgang aus dem Partal zum Palacio Carlos V.
TICKETKONTROLLEN, EIN- UND AUSGÄNGE
A Ein- und Ausgang der Alcazaba
B Einziger Eingang der Nasridenpaläste
C Einziger Ausgang der Nasridenpaläste
D (Nur) Ausgang des Partals in Richtung Palacio Carlos V
E Ein- und Ausgang Secano (Besuch des Generalife möglich)
F Ein- und Ausgang des Generalife
Der Zutritt zum Palacio Carlos V. und zum Museum der Alhambra (montags geschlossen) ist frei.

,GEBRAUCH DES FÜHRERS

Dieser Führer ist so angeordnet, daß der Rundgang am Brunnen Karls V. beginnt, zu dem man entweder von der Stadt aus über die Cuesta de Gomérez (Zugang für Fußgänger), oder vom Eingangspavillon aus über den Verbindungsweg 1 kommt. Von hier aus geht der Rundgang weiter über Gerechtigkeitstor-Alcazaba-Nasridenpaläste (Mexuar-Comarespalast-Löwenpalast)-Partal-Verbindungsweg 3-Generalife-Secano-Verbindungsweg 2- Palast Karls V.. Selbstverständlich können Sie die Reihenfolge ändern und mit Hilfe des Inhaltsverzeichnisses (S.3) und des Registers (S.190) direkt auf die Informationen zu den jeweiligen Bereichen zugreifen. Dazu können Sie auch die farbige Kennzeichnung am Seitenrand verwenden.

AUFBAU DER KAPITEL

Jedes Kapitel beginnt mit einem Deckblatt mit einer Einleitung. ▶

Name des Bereichs

Lage des Bereiches innerhalb der Anlage

Am Seitenrand: farbige Kennzeichnung für jedes Kapitel

Einführungstext

Darauf folgt eine Karte mit den Gebieten, die auf den darauffolgenden Seiten detailliert beschrieben werden.. ▼

Die Karte: auf die fettgedruckten Namen wird in diesem Kapitel eingegangen.

Name und Erkennungssymbol des Kapitels.

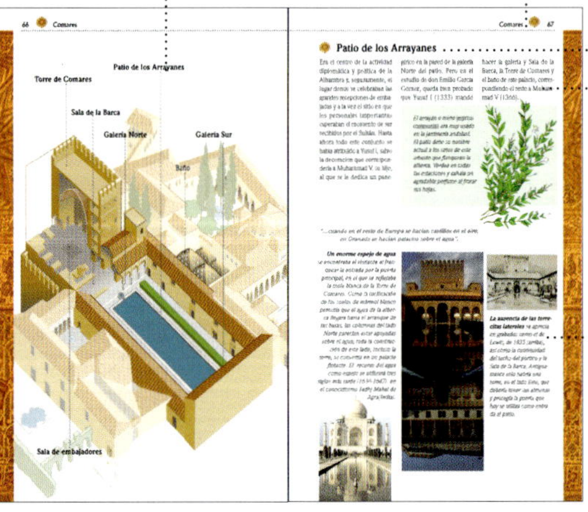

Name: entspricht den in der Karte im Fettdruck hervorgehobenen Elementen.

Einführungstext: in Normaldruck. Allgemeine Informationen über das entsprechende Element.

Zusatztext: kursiv gedruckt. Bilderklärungen.

Thematische Ausführungen: auf farbigem Hintergrund und mit unterschiedlicher Schriftart werden allgemeine Erklärungen zu Themen gegeben, die über den konkreten Fall hinausgehen: Kunsthandwerk, Ingenieurtechnik, Geselschaftliches…

Pilar DE Carlos V

DER BRUNNEN KARLS V.

Der Brunnen Karl V. wurde nach dem Idealbild der Eroberer entworfen. Diese wollten die nasridische Stadt christianisieren, ihre Bedeutung als neue Kaiserstadt betonen, ohne ihren Prunk zu verringern. Mit Rücksicht auf die alten Bauten und gleichzeitig mit Anerkennung der neuen Verhältnisse wurde dieser prachtvolle Brunnen von Machuca entworfen und von Niccolao da Corte im Jahre 1.543 am Eingang zur Anlage gebaut. Damit entstand ein neuer Raum. Es ist unbekannt, ob die geheimnisvollen Masken die drei Flüsse Granadas darstellen oder die durch pflanzliche Verzierungen symbolisierten Jahreszeiten.

Wappen der Tendilla

Kaiserliches Wappen *mit dem Doppeladler der Habsburger*

Herkulessäule

Der Granatapfel, *Symbol der Stadt*

Die Wappen der Stadt, des Kaisertums und des Grafen von Tendilla verzieren das im klassizistischen Stil verarbeitete Werk.

Es ist nicht gewiss daß die geheimnisvollen Wasserspeier die drei Flüße Granadas- Genil, Darro und Beiro- darstellen oder mit ihrer pflanzlichen Verzierung die Jahreszeiten repräsentieren: Sommerähre, Frühlingsblumen und Herbsttrauben. Die Figuren wurden in der Barockzeit zusätzlich angebracht

Der Alhambrawald

Nachdem der Berg der Alhambra Standort einer Militärfestung war, gab es darauf keine Vegetation außerhalb der Mauern, um so die Verteidigung zu erleichtern. So ist er auch auf allen zeitgenössischen Stichen abgebildet, bis der Herzog von Wellington Anfang des 19.Jh. Roßkastanien, Ulmen, Zürgelbäume, Platanen usw. pflanzen ließ, an denen sich die Spaziergänger noch heute erfreuen können.

Puerta de la Justicia

Gerechtigkeitstor

Stolz und beeindruckend erhebt es sich auf einer Rampe, der Zeit und den späteren Generationen trotzend, durch die Jahrhunderte hinweg, in denen ihm kaum Beachtung geschenkt wurde, bis hin zu den heutigen Osterprozessionen, hat nichts seine Größe und Erhabenheit zu schmälern vermocht.

Über die offene Hand auf dem Schlusstein des ersten Bogens gibt es mehrere Interpretationen. Die offene Hand mit der Fläche nach vorn war immer ein Friedenszeichen. Aber in diesem Fall bezieht sich die Hand mit den fünf Fingern (al-Hamza, fünf) anscheinend auf die fünf Gebote des Islams: die Erkenntnis Allahs, das Gebet, das Almosen, das Fasten und die Pilgerfahrt nach Mekka.

Links: Kopie einer gotischen ***Muttergottes,*** *(1501).Der Auftrag stammte von den Katholischen Königen, deren Symbole, Joch und Pfeile, den Fuss der Statue dekorieren.*

Der Emir der Muslime, der kriegerische und gerechte Sultan Abu-l-Hayyay Yusuf... ordnete den Bau dieses Tores an, die sogenannte Bab al-s-ari'a. Es wurde im Jahre 749 im Monat der lobeserhobenen Nativität vollendet. Das heisst Juni 1348 unserer Zeitrechnung

Manche Kenner glauben, dass ***die Hand*** *(links) in Zusammenhang mit dem Schlüssel des inneren Bogens eine zauberische Bedeutung hat. Im Königreich von Granada treten häufig diese Symbole hervor, besonders auf den Keramikplatten verschiedener Bauwerke.*

Hinter dem Innenbogen sind die mit Eisenplatten verkleideten Tore eingehängt, deren schlichte Schubriegel noch erhalten sind.

Marmorkapitell des Innenbogens. Wie das gesamte Portal war es früher ebenfalls polychromiert.

Hinter dem ersten türlosen Bogen befindet sich eine grosse Verteidigungsluke, die in der nasridischen Militärarchitektur häufig benutzt wurde. Die Turmverteidiger konnten von oben die Feinde bekämpfen, indem sie Steine, siedendes Öl oder geschmolzenes Blei hinunterwarfen, wenn diese durch das zweite geschlossene Tor eindringen wollten.

*Unterhalb dieser Bogen liegt der **Zugangskorridor**, der im Almohaden-Stil gebaut ist und aus vier rechtwinklig aufeinandertreffenden Räumen besteht, deren Gewölbe mit Mulden, Halbzirkeln und Stichkappen versehen sind.*

*Die **abgewinkelte Bauweise** steht vollkommen im Einklang mit dem strategischen Charakter des Tors, das von jeder Ecke aus verteidigt werden konnte. Rechts: erster Knick des Tores von innen betrachtet.*

*Hat man einmal das Tor passiert, so gelangt man zur **„corraleta"**, einem breiten Gang, wo die Reiter sich aufstellten, um auf den Befehl zum Gegenangriff zu warten. Aus diesem Grund sind alle zum Tor hinführenden Gänge rampenförmig gebaut. Rechts vom Tor befindet sich ein Rundgang, der entlang der gesamten Burgmauer verlief und teilweise überdacht war, wobei die Höhe ausreichend war für die Pferde der Streitwache. Rechts: Mauerabschnitt, der mit Grabplatten des moslemischen Friedhofes wiedererrichtet wurde.*

Die äussere Bogenseite weist Überbleibsel rhombischer Mosaike auf, die denjenigen der zuvor erwähnten Pforte gleichen.

Der Name Tor der Gerechtigkeit oder des Gesetzes ist möglicherweise auf eine Inschrift zurückzuführen, die folgendermaßen lautet: "Möge Gott in ihm die Gerechtigkeit des Islams walten lassen". Es ist auch unter dem Namen Tor der Esplanade bekannt. Dieser Name leitet sich von dem Vorplatz ab, der sich bis zum Bau des Weges zum Generalife, bzw. zum durch den Wald verlaufenden Hauptweg, dort befand.

Hufeisenbogen

Die Goten besaßen fast ausschließlich Kunst-und Einrichtungsgegenstände, die leicht zu transportieren waren, wie z.B. Degen, Schnallen, Schätze usw. und deren Motive und Symbolik ihre spätrömische Architektur schmückten. Einer der bedeutendsten Beiträge der Westgoten zur spanischen Architektur ist der Hufeisenbogen, der später von den arabischen Invasoren überaus häufig und gekonnt verwendet wurde (Moschee von Córdoba, siehe links). Sie machten ihn zu ihrem Markenzeichen, das in die gesamte islamische Welt exportiert wurde.

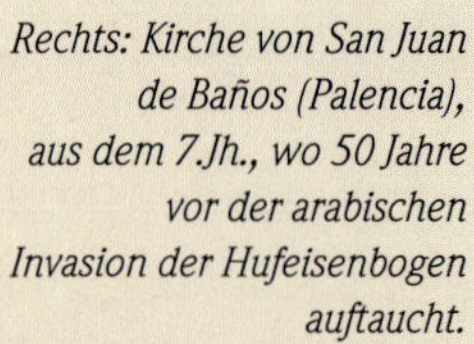

Rechts: Kirche von San Juan de Baños (Palencia), aus dem 7.Jh., wo 50 Jahre vor der arabischen Invasion der Hufeisenbogen auftaucht.

Puerta del Vino

Weintor

Gravur von Girault de Prangey, 1837

Es wird allgemein angenommen, dass der Name dieses Tores auf den steuerfreien Weinhandel zurückzuführen ist, der in seinem Inneren ab 1554 stattfand. Es gab noch weitere Tore in der Nähe, aber in dem verworrenen Labyrinth dieser mittelalterlichen Stadt war das Weintor die Pforte zum oberen Teil der Alhambra, wo beinahe 2000 Menschen lebten. Hier hatte die königliche Strasse ihren Ursprung, der Knotenpunkt der Medina. Sie diente zugleich als Kreuzung und als Grenze zwischen Zivil- und Militärbereich.

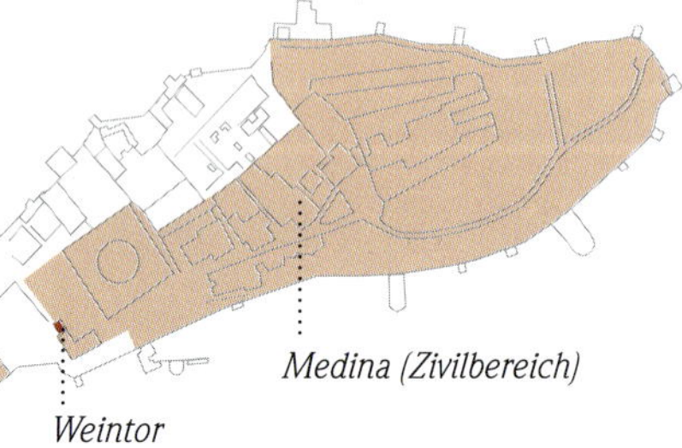

*Die **Ostfassade** (rechts) ist am ältesten und am wenigsten bearbeitet. Sie ist mit einem der wenigen spitz zulaufenden Hufeisenbögen und mit dem symbolischen Schlüssel (links) versehen.*

*Die Jalousien am **Fenster** und die offene Bauweise (ohne Knick) lassen auf die friedliche Nutzung dieses Tores schließen, das keinen Verteidigungscharakter aufweist.*

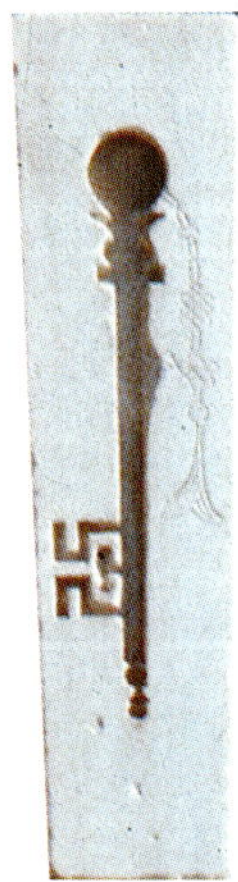

*Die **Ostfassade** ist älter und einfacher und weist einen Spitzhufeisenbogen auf und den symbolischen Schlüssel der Alhambra.*

Im Inneren des Tores befinden sich die typischen Bänke für die Wachen, vor Wind und Regen geschützt. Ein wunderschönes Kreuzgewölbe ähnlich wie im Tor der Gerechtigkeit bildet das Dach zu diesem kleinen Raum.

Laborde, 1812

Nach der Eroberung Granadas wurde die Alcazaba unberechtigterweise vergessen. Sie bedeutet den Ursprung einer grossen adligen Stadt, der späteren Medina al-Hamra (Stadt Alhambra), aber nur die blendenden nasridischen Paläste wurden beschrieben.
Während der Bürgerkriege des 9. Jahrhunderts und der Kämpfe gegen Almoraviden und Almohaden erschien die Alcazaba in den Geschichtsbüchern als Ma'quil Ilvira (Elvira-Festung). Erst nach dem 1 3.Jahrhundert entstand der Namen Qa'lat al-Hamra (Rote Burg), nach dem die Anlage heute noch bekannt ist.

Torre del Homenaje *(der Huldigungsturm) ist einer der ältesten Türme aus der Epoche des Kalifats. Archäologische Untersuchungen der Materialien und ihr Vergleich mit den Funden am Fuße des Turms lassen darauf schließen, daß er möglicherweise unter Al-Ahmar auf den Trümmern eines noch älteren Turms, vermutlich aus dem 9.Jh., wiedererrichtet wurde.*

Puerta de las Armas.
*Der Haupteingang in die Alcazaba ist das **Waffentor**. Sein Fallgatter wurde von dem oberen Stock aus kontrolliert. Bis dahin führte der Umgehungsweg der Alcazaba.*

Wachturm.
(Torre de la Vela) Muhammad ben Nasr Ibn al-Ahmar, Gründer der Dynastie, erbaute wahrscheinlich den 27 Meter hohen und 16 Meter breiten Wachtturm.

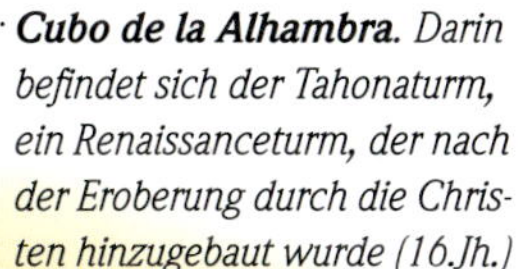

Cubo de la Alhambra. *Darin befindet sich der Tahonaturm, ein Renaissanceturm, der nach der Eroberung durch die Christen hinzugebaut wurde (16.Jh.)*

Torre Quebrada *(der zerbrochene Turm). Er erhält seinen Namen aufgrund des enormen Risses, der einer klaffenden Wunde gleicht und selbst vom Platz der Zisternen aus noch sichtbar ist. Er wurde bis auf Mauerhöhe aufgeschüttet und hat noch zwei weitere Stockwerke darüber.*

Ticket

Plaza de los Aljibes

Puerta del Vino

Plaza de Armas *(Waffenplatz). Hier mündete ein steiler gepflasterter Weg in eine größere Straße, an der verschiedene Gebäude lagen, die die Verteidiger der Alcazaba beherbergten.*

Turm der Sultanin. *Wie auf dem Foto zu erkennen ist, überragt er die Wehrgangsgärten. Er verlor an Stattlichkeit als der Wehrgang aufgefüllt wurde, um die Gärten anzulegen.*

Jardín del Adarve. *(Wehrgangsgärten). Hierbei handelt es sich um nichts weiter als einen tiefen Graben, der den Innenbereich vom Außenbereich trennte. Anfang des 17.Jh. ließ ihn der Markgraf von Mondéjar mit Erde und Schutt auffüllen, um diesen Garten anzulegen.*

Torre de la Pólvora *(Pulverturm) Hier fing die Militärstraße an, die zu den Roten Türmen jenseits der Cuesta de Gomérez führte.*

Plaza de los Aljibes *(Platz der Zisternen)*

Die Alcazaba war lange Zeit, sogar nach der Ankunft des Muhammad ben Nasr Al-Ahmar (1238), eine unabhängige Burg, durch ein Tal von der östlich gelegenen Ebene getrennt (auf der später die königlichen Paläste erbaut wurden). In diesem Tal entstand unter Jussuf I. eine Mauer und verschiedene Türme, deren Überbleibsel an dem Aljibes-Platz heute noch sichtbar sind.

Die Mauern der Alcazaba und die der Paläste wurden ebenfalls unter Jussuf I. durch einen ***Mauergang*** *verbunden, dessen Zugangstreppe im Tahonaturm war. Dieser Turm wurde im Jahre 1955 unter dem sogenannten «Cubo de la Alhambra» entdeckt.*

Einer von diesen Türmen wurde ausgebaut, um das Wasser der vom Graf von Tendilla erbauten ***Zisterne*** *zu filtern (1494). Gleichzeitig wurde das Talgelände aufgeschüttet.*

Von dem Wachtturm aus sind zwei verschiedene Bereiche sichtbar, der eine innerhalb des anderen. Der kleinere hat wahrscheinlich einen römischen Ursprung, wie die unteren Naturmauersteine beweisen (unten).

Die von den Christen hinzugefügten Bauten sind rot hervorgehoben: der Cubo, die Vormauer und das Auffüllen des Wehrgangs. Das Bollwerk, der eigentliche Bug der Alcazaba, wurde im 15.Jh. von den Nasriden angebaut, damit die Artillerie in Richtung Stadt ausgerichtet werden konnte, die scheinbar während der Intrigen in der Dynastie gefürchteter war, als die Feinde von außerhalb.

Waffenturm und Waffentor

Dies war der Haupteingang der Anlage. Das Tor war mit einem Fallgatter ausgestattet, das von dem unmittelbar darüber gelegenen Stockwerk aus betätigt wurde, in das man durch den Wehrgang der Alcazaba gelangte.

*Nach dem Eingang macht der breite **Gang einen** Rechtsknick und mündet in einen großen Raum (s.o.,) vermutlich ein Wacht-posten. Hier gabelt sich der Weg: links in Richtung zu den Palästen und rechts zum Eingang der Alcazaba.*

***Auf dem Weg zu den königlichen Palästen** mußten die Besucher zu Pferd oder zu Fuß eine Distanz von etwa 90 m ohne Deckung von rechts zurücklegen - der Schild wurde nämlich links getragen - und war so den Bogenschützen ausgeliefert, die auf der Innenmauer oder dem Huldigungsturm (siehe rechts) standen.*

*Nach Passieren einer weiteren Kontrolle im heutigen **Cubo** (Tahonaturm) gelangte man zum Marktplatz, dessen Überreste noch zu sehen sind. Dieser von den Christen erbaute Turm ist klein und zinnenlos, womit der Einschlag der Artillerie vermindert werden sollte, die schon relativ wirkungsvoll war.*

Die Besucher der Alcazaba hatten es auch nicht leichter. Der Besucher konnte sein Pferd in den an das Waffentor angrenzenden Stallungen unterstellen. Dann hatte er einen abgestuften und abgewinkelten Weg zurückzulegen, der so schmal war, daß kaum zwei Menschen nebeneinander gehen konnten. So mußte er unter der drohenden Präsenz des Wachturms eine Strecke zurücklegen, die beinahe die dreifache Breite dieses Turms ausmachte, wobei die Verteidigungssoldaten von oben jederzeit ein ganzes Heer aufhalten konnten, indem sie einfach Steine hinunterwarfen oder siedendes Öl oder flüssiges Blei auf den kleinen Gang zu ihren Füßen hinuntergossen.

Das erste bekannte Werk auf dem Granada abgebildet (um 1500) ist vermutlich der flämische Maler Petrus Cristus (Mateu-Sammlung, s. unten) - zeigt eine Zugangspforte zur Alcazaba, die Jahrhunderte vorher zugemauert worden war. D. Manuel Gómez Moreno entdecke sie 1894 bei der Untersuchung des Werkes hinter einer Mauer versteckt (siehe unten).

Plaza de Armas. (Waffenplatz)

Auf dem Hauptgelände sind Überreste von Gebäuden zu sehen: Ein Bad für die Soldaten direkt am Fuß des Wachturms und die kleinen Häuser der Platzkommandan-ten, Waffenmeister, Schmiede, usw. zu beiden Seiten der Hauptstraße. Am Fuße der Ostmauer befinden sich auch Zisternen und ein unterirdischer Kerker, auf dessen Fußboden die Lager der Gefangenen mit Ziegeln abgegrenzt sind.

Ansicht des Waffenplatzes vom gleichnamigen Turm aus

Torre de la Vela

(Wachturm). Seine vier Stockwerke wurden nach der Eroberung durch die Christen in Wohnräume umgebaut. Der Turm hat im Laufe der Zeit seine Zinnen und somit etwas an Höhe verloren, hauptsächlich aufgrund der Katastrophen, denen er seit dem 16.Jh. ausgesetzt war: Zunächst ein Erdbeben (1522), dann die Explosion eines Pulverfasses im Darrotal (1590), die ihn schwer in Mitleidenschaft zog und später im 19.Jh. (1882) schlug ein Blitz in den Glockenturm ein und zerstörte diesen, so daß er dann verlagert werden mußte.

Auf dem Stich von Doré (1862, s. rechts), aus dem Vorjahr ist noch der alte Glockenturm an der Ecke des Turms zu sehen.

Die im Jahre 1733 gegossene Ersatzglocke, diente zur Regulierung der Bewässerung in der Vega. In tragischen Momenten läutete sie Sturm, um die Bewohner der Stadt zu warnen, wie beim Brand auf der Alhambra 1890. Kürzlich wurde die Glocke auf elektrischen Betrieb umgestellt.

Der wunderbare Aussichtsplatz gibt uns einen Rundblick von 360 Grad, voller Kunst, Geschichte und Landschaft.

West **N**

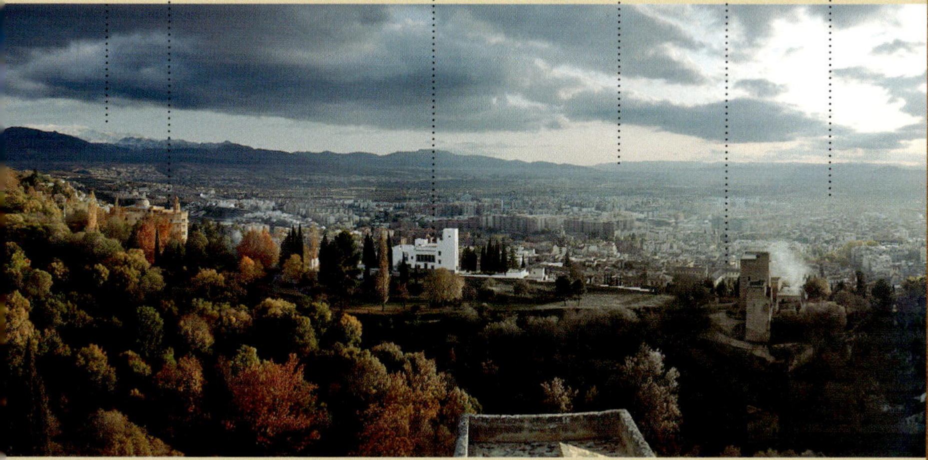
Sierra Nevada
Hotel Alhambra Palace
Carmen de Rodríguez Acosta
S
Suspiro del Moro
(„Seufzer des Mauren")
(Richtung Küste/Alpujarras)
Vega de Granada
Torres Bermejas

Albayzín
Kirche von S. Miguel Alto
Arab. Stadtmauer
Valparaíso (Río Darro)
Sacromonte
Abadía

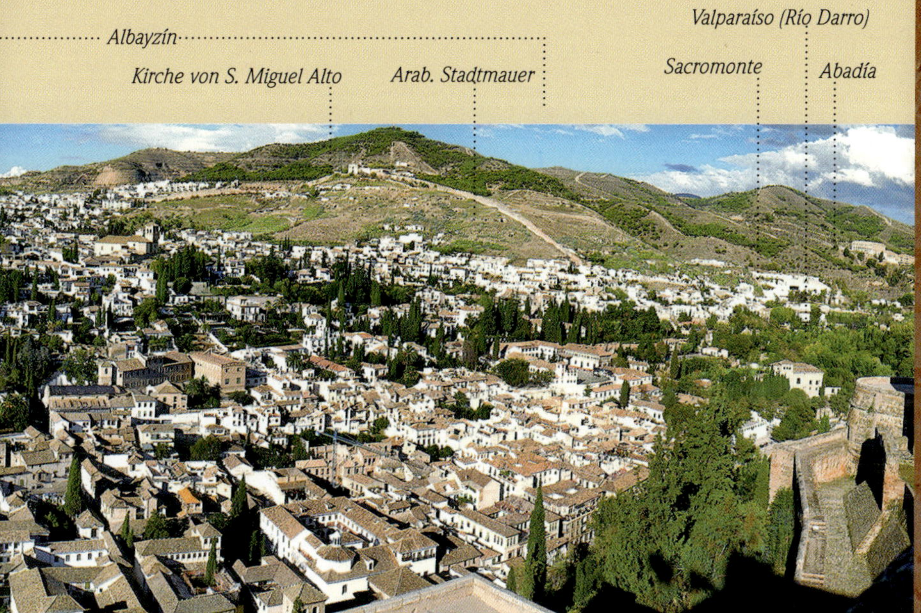

Dies ist das Granada, das von Gautier als „himmlisches Jerusalem" und von Al-Saqundi aus Córdoba als „Augenweide und Erhöhung der Seelen" bezeichnet wurde.

Granadas Stadtmauern

Die Alhambra ist die abschließende Krönung eines komplexen Mauersystems, die Granada umgaben, wobei sie seltsamerweise etwas dezentral gelegen ist. Tatsächlich lag die gesamte Anlage außerhalb des Stadtgebietes, als fürchtete man die Bewohner Granadas mehr als die Eindringlinge von außen. Als die Festungen im Albaycín von den neuen um sie herum entstehenden Stadtvierteln eingeschlossen und damit die Fluchtwege aufs Land versperrt wurden, zog al-Ahmar mit seinen Nachkommen in das Schloß auf dem Roten Berg um, das zwar umfangreiche Umbau- und Reparaturarbeiten benötigte, aber dafür über weite offene Flächen verfügte, sollte eine Flucht notwendig sein.

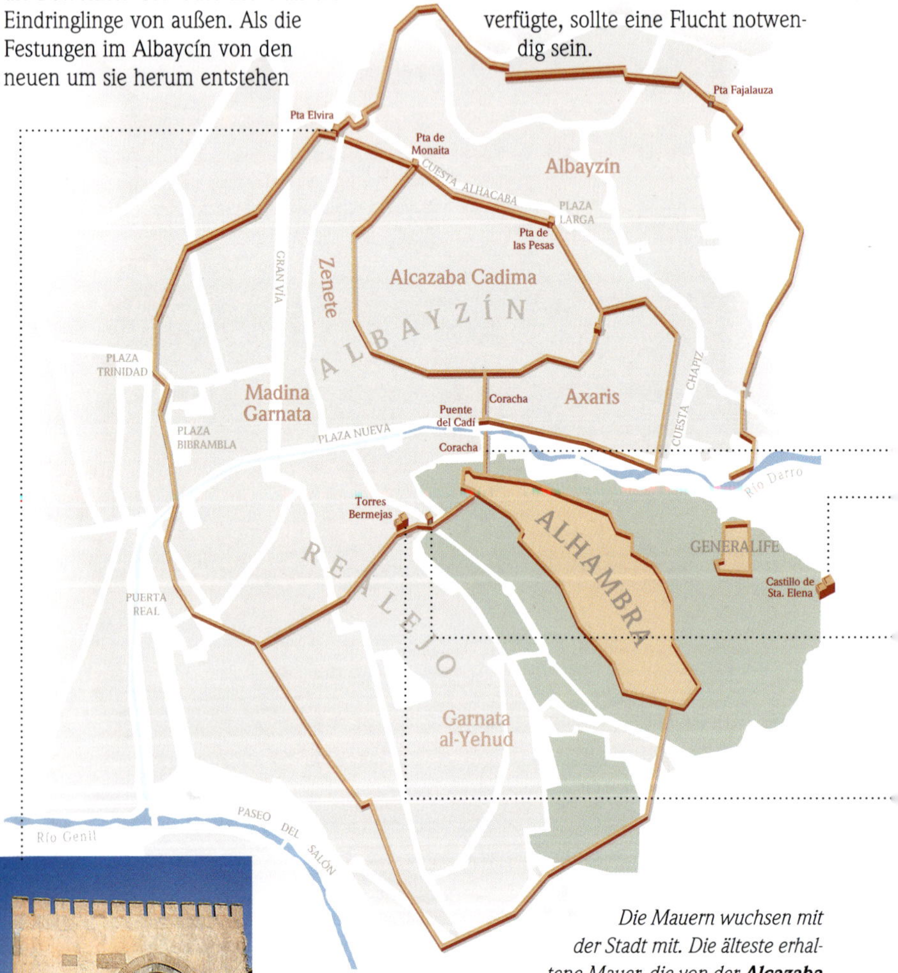

Die Mauern wuchsen mit der Stadt mit. Die älteste erhaltene Mauer, die von der ***Alcazaba Cadima*** *im Albaycín, stammt aus dem Zeitalter der Ziriden (10.Jh.), aber es gibt auch Überreste von noch älteren Mauern auf Fundamenten aus der Römerzeit. Im 12.Jh. wurde das heutige Stadtzentrum mit eingeschlossen und während der Nasridendynastie wurde auch das obere Albaycín und das Garnata Al-Yehud, das Judenviertel, mit eingegliedert. Zahlreiche Tore säumten diese Mauern, von denen einige heute noch vor Ort zu sehen sind:* ***Puerta Elvira, Arco de las Pesas, Hizna Roman und Fajalauza****, die sich alle in der Umgebung des Albaycins befinden. Es gibt auch Überreste von einigen Toren, die sich nicht mehr an ihrem ursprünglichen Ort befinden.*

Puerta de Elvira*. Dies war das Zugangstor zu einem Friedhof der sich über das gesamte heutige Gebiet der jardines del Triunfo (Triumpfgärten) und Umgebung erstreckte*

Vor dem Bau des Königlichen Aquäduktes (Acequia Real), das die Alhambra mit Wasser versorgen sollte und später als Sicherheitsmaßnahme diente, führte zur Wasserversorgung aus dem Darro ein Stück Mauer – coracha - von der Alcazaba hinunter zu dem heute als ***Puente del Cadí*** *oder Puerta de los Tableros bekannten Ort (siehe links). Möglicherweise war diese Brücke ein Schleusentor, das den Fluß aufstauen und das Wasser zu Verteidigungszwecken oder zur Reinigung des Flußlaufes mit einem Mal ablassen konnte.*

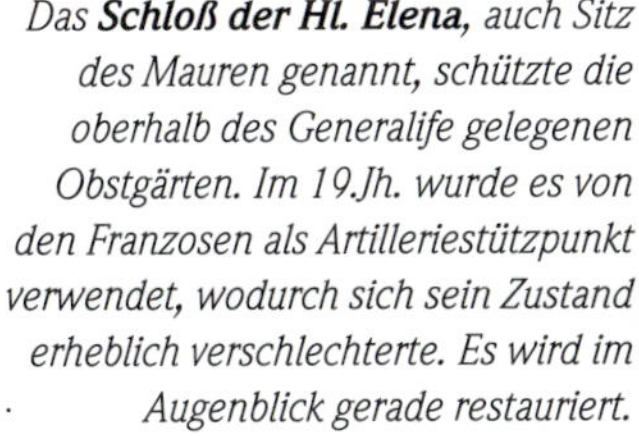

Das ***Schloß der Hl. Elena,*** *auch Sitz des Mauren genannt, schützte die oberhalb des Generalife gelegenen Obstgärten. Im 19.Jh. wurde es von den Franzosen als Artilleriestützpunkt verwendet, wodurch sich sein Zustand erheblich verschlechterte. Es wird im Augenblick gerade restauriert.*

Die ***Puerta de las Granadas*** *(Granatapfeltor) ist das Zugangstor zum Alhambrawald von der Cuesta de Gomérez aus und wurde 1526 erbaut, indem das Bab Handac (Taltor) abgerissen wurde, über das ein Militärweg das Bollwerk im Süden der Alhambra mit den Roten Türmen auf dem gegenüberliegenden Hügel verband. Gemeinsam mit dem Brunnen Karls V. wurde so die Neuorientierung des Geländes in Richtung Süden besiegelt und das Waldgebiet abgegrenzt, das zu den königlichen Gütern gehörte (Oben, die Bauwerken in Jr. 2008).*

Die ***Torres Bermejas*** *(Rote Türme) waren ein zusätzlicher Verteidigungspunkt der südlichen Alhambra und des unmittelbar angrenzenden Judenviertels (je nach Autor dienten sie zum Schutz oder zur Ausgrenzung seiner Bewohner). Sie wurden im 13.Jh. auf ältere Fundamente aufgebaut, von Mohammed V im 14.Jh. an die Alhambra angegliedert, im 19.Jh. restauriert und kürzlich ausgebessert.*

DIE VERTEIDIGUNGSARCHITEKTUR DER NASRIDEN

Als Erbe eines Reiches, das in langwierige Grenzkonflikte verwickelt war und aufgrund der Belagerung durch den Vormarsch der christlichen Könige, hatte das Nasridenreich einen stark auf Verteidigung ausgerichteten Charakter, der sich in den Wach- türmen, Grenzfestungen und in der Struktur der Machtzentren selbst zeigt. Die Nasriden übernahmen alle Fortschritte, die in den fünf vorigen Jahrhunderten des Zeitalters von al-Andalus in der Verteidigungsarchitektur gemacht wurden, bauten sie aus und fügten neue hinzu. Die Almohaden führten die Doppelmauern, torres albarranas und corachas ein. Auch die Technik, die Pforten zu den einzelnen Bereichen in die Türme anstatt in die Mauern einzubauen, ist eine Neuerung aus dem 11.Jh. Die Nasriden bauten diese Art von Eingängen weiter aus, indem sie Fallgatter hinzufügten und sie in abgewinkelte Gänge verwandelten, die leicht zu verteidigen waren. An die Mauern angebaute cadalsos und Gußerker ergänzten die Verteidigung der Eingänge. Die Materialien verändern sich: Vom Quaderstein aus der Kalifenzeit ging man über zur Verwendung von einem Ziegel-Mauersteinverband und vor allem von Lehmmauern, bestehend aus einem Stein-, Sand- und Kalkgemisch von großer Festigkeit.

Torre albarrana *Dieser Turm ist von der Mauer getrennt und über einen Gang mit dieser verbunden. Von dort aus konnte man mit Leichtigkeit etwaige Eindringlinge bekämpfen, die versuchten, auf das Gelände vorzudringen.*

Türme *Wurden in Abständen in die Mauer eingelassen, zu deren Verteidigung sie dienten. Dort konnten Truppen gesammelt werden.*

Wehrgang *Dieser Gang führt auf der Mauer entlang und diente als Verbindung zwischen den Türmen.*

Ejido *An die Mauer angrenzende Fläche, die von Vegetation befreit wurde, um so den Feinden auf dem Vormarsch die Deckung zu nehmen. Die ursprüngliche Alhambra muß man sich ohne den schönen Wald vorstellen, der sie heute umgibt und der von Wellington Anfang des 19.Jh. angelegt wurde.*

Doppelmauern *Hier handelt es sich um kleine Mauern, die als erste Verteidigungslinie vor die Hauptmauern gebaut wurden.*

Die Alcazaba von Almería *läßt uns erahnen, wie die Alhambra einst auf einem nackten Hügel ausgesehen haben muß.*

*Der Grundriß des **Waffentors** (links) zeigt den charakteristischen Doppelknick. Unten: Erster Abschnitt des geknickten Ganges.*

Zugangspforte im Turm

Statt einer einfachen Maueröffnung macht der Einbau einer Pforte in einen Turm es möglich, die Zugangspassage abzuwinkeln. Damit werden Ecken geschaffen, von denen aus wenige Verteidiger viele Angreifer abwehren können.

Wie aus diesem alten Schriftstück des muslimischen Indiens zu entnehmen ist, wurden die Lehmmauern auf dieselbe Weise hergestellt, wie heute das Zement gegossen wird. Die Holzgerüste wurden mit einer Masse aus Steinen, Sand und Kalk aufgefüllt. Nach dem Herausziehen oder Verfaulen der Querbalken hinterließen diese die charakteristischen Rüstlöcher in der Mauer. Die Mischung wird im Laufe der Zeit hart und ihre Konsistenz wird sehr dicht, homogen und widerstandsfähig gegen Einschlag: Eine solche Mauer fällt nicht einfach zusammen wie eine Mauer aus Quaderstein, sie muß von oben bis unten durchlöchert werden, um sie zum Einsturz zu bringen.

Cadalsos und Gußerker

Erstere aus Holz und zweitere aus Mauerwerk, wurden auf die Mauern aufgesetzt, um so von oben die Eindringlinge abwehren zu können.

Coracha

Hierbei handelt es sich um einen Mauerabschnitt, manchmal einfach eine Palisade, der die Funktion hat, den Zugang zu einem nahen Fluß, Quelle oder Bewässerungsgraben herzustellen, um so die Wasserversorgung zu gewährleisten

*Am Zinnenturm und am **Gerechtigkeitstor** (siehe links) sind noch Überreste von den Tragbalken dieser Strukturen zu erkennen.*

*Die Corachas waren oft auf der Spitze des Turmes angebracht. Ein einzigartiges Beispiel dafür ist der berühmte **Goldene Turm** von Sevilla, aus der Epoche der Almohaden.*

LOS PALACIOS NAZARÍES

NASRIDISCHE PALÄSTE

MEXUAR

COMARES

LEONES

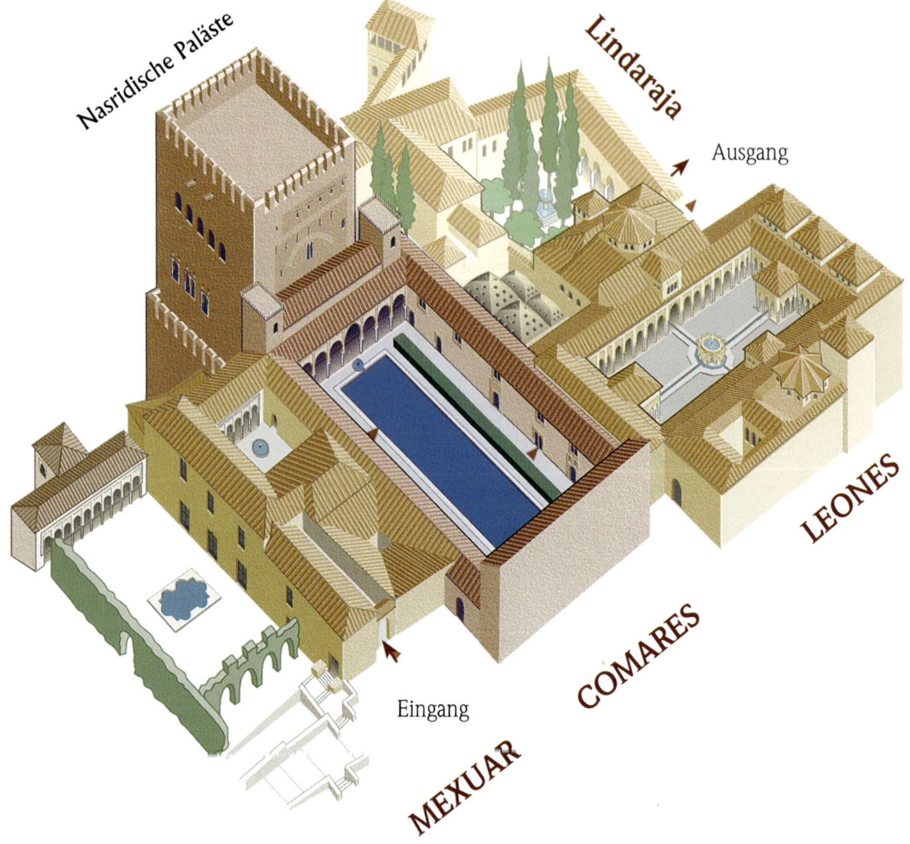

DER ALTE KÖNIGSPALAST

So wurde die Anlage der Nasriden-Paläste kurz nach der Eroberung genannt, um sie von dem neuen Königspalast, den Karl der V. als großes Wohn-, Verwaltungs- und politisches Zentrum zu errichten beabsichtigte, zu unterscheiden. Diese deutliche Unterscheidung zeigte den Willen, das Nasridische auf eine logische Weise in das neue Projekt einzufügen. Die Vorfahren des Kaisers verfügten über keine feste Residenz, so daß er mit seiner Entscheidung, die Alhambra zu diesem Zweck zu nutzen, sie -vielleicht ohne sein Wissen - für die Nachwelt rettete. Der alte Königspalast umfaßt damals wie heute die wichtigsten Kernbereiche der Alhambra: Mexuar, Comares- und Löwenhof mit den entsprechenden Räumen und Seitengebäuden, die innerhalb der Anlage eine gesonderte Behandlung verdienen.
Die Experten sprechen von sieben Palästen in der gesamten Anlage. Zweifellos sind uns lediglich ein Teil der Hofstadt und Reste der Medina erhalten geblieben. Dies reicht jedoch aus, um uns eine annähernde Vorstellung von der Herrlichkeit und Größe zu machen, die eine Kultur erreichte, die zwar politisch im Verfall begriffen war, sich jedoch kulturell auf ihrem Höhe-punkt befand.
Die Alhambra, Kulturgut der Menschheit, bedeutet über die schlichte Architektur hinaus vor allem Luft, Licht, Wasser, Schweigen und Räume. Und es ist kein aus der Leere angefüllter Raum, sondern eher ein Raum, der Lichtstrahlen und Halbdunkel, Bäche, Blumen, Kalligra-phien, die so einhüllend sind wie die Haut, und zeitlose Empfindungen einfängt und daraus geschmiedet ist.

Lewis, 1835

Dieser Teil der Paläste litt ohne Zweifel am meisten unter den Veränderungen der früheren christlichen Vögte, die im Auftrag ihrer Könige die ur-sprünglichen Räume umgestalteten, um sie an die neuen Tätigkeiten anzupassen. Für diese Umbauten wurden manchmal alte Strukturen vollkommen zerstört, so dass man heute schlecht feststellen kann, wo der Zugang zu diesen Räumen war, in denen der Rat über wichtige Gerichtsfragen zu entscheiden hatte.

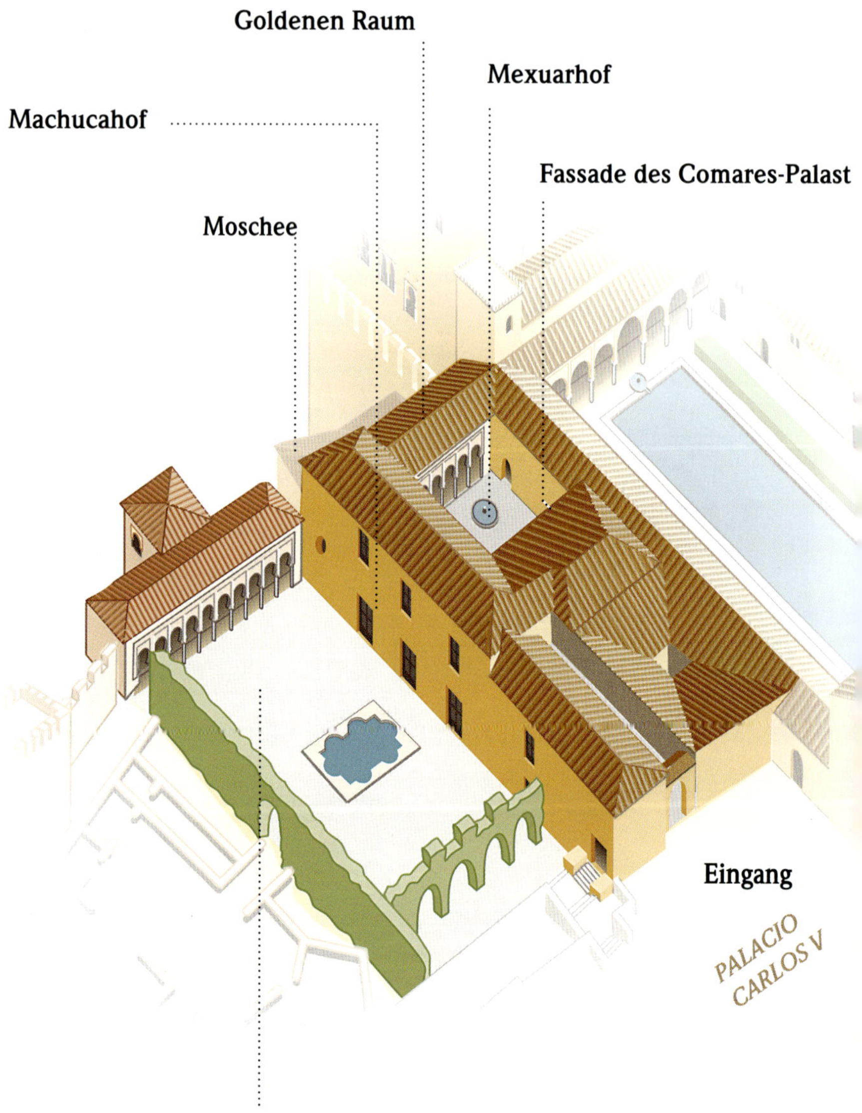

Goldenen Raum

Mexuarhof

Machucahof

Fassade des Comares-Palast

Moschee

Eingang

PALACIO CARLOS V

Machucahof

Machuca war der Architekt des Palastes Karls V. Der Hof wurde mit einem kleinen lappenförmigen Teich versehen. Auf der anderen Seite war früher eine zweite Galerie, genauso wie die von Machuca, deren Überbleibsel auf dem Boden sichtbar sind und deren Umfang von den Zypressenbogen angedeutet ist.

Mexuar-Saal

Der nächste sogenannte Mexuar-Saal ist vielleicht der älteste Teil der königlichen Räume, weist jedoch eine grosse Umgestaltung unter Yusuf I. oder unter dessen Sohn Muhammad V. auf. Nach der Eroberung wurde dort eine Kapelle errichtet, wodurch die Gestaltung des Saales, dessen hypothetische Nachbildung unter diesen Zeilen zu sehen ist, geändert wurde.

Das kleine mit herrlichen, geschnitzten Kragbalken geschmückte ***Zugangstor*** *wurde von einem anderen Ort hierher gebracht. Möglicherweise war der Saal seinerzeit zum Machucahof hin geöffnet.*

In dem ursprünglichen Saal befand sich sicherlich einmal eine Laterne mit kleinen Fenstern, durch deren farbige Gläser das Tageslicht gefiltert wurde.

Die ***Nordwand****, die den Saal in früheren Zeiten von einem Hof oder Weg trennte, wurde niedergerissen. Ihre Gipsdekoration wurde an der später errichteten Wand angebracht. Diese wurde mit einem Tor versehen, um einen Zugang zum Gebetsraum, der als Sakristei genutzt wurde, zu schaffen.*

Die heutige ***Holzbalustrade*** *ist ein Rest des Chors, der in den dem Hof abgewonnenen Raum eingefügt wurde.*

Die Westwand des Raumes wurde zur Stützung des neuausgeführten Stockwerkes verstärkt, und grosse vergitterte Fenster eingebaut. Es ist aber unbekannt, wie diese Mauer an der Aussenseite ausgesehen haben soll.

In dem von den vier Säulen gebildeten Raum entschied der versammelte Rat in Rechtssachen. Das Tor war mit einer Fliese versehen, auf der zu lesen war:

«Komm zu mir und bitte. Und wenn du Gerechtigkeit brauchst, wirst du sie haben».

Einige der Deckenverkleidungen sind noch die ursprünglichen, was daran zu erkennen ist, daß die noch erhaltenen Reste der Polychromie dunklere Tönungen aufweisen.

*Die **Kapitelle** wurden 1995 restauriert und die verlorengegangene Polychromie wiederhergestellt.*

Der gesamte Saal, einschließlich des Bereichs des kleinen, hinzugefügten Hofs, ist mit einem Sockel aus Fliesen aus dem 16 Jh.. versehen, in dessen zentralen Sternen die Wappen der Dynastie der Nasriden, der Doppeladler der Habsburger abwechselnd dargestellt sind. Dies zeigt die Bewunderung für das Moslemische sowie ein gewisses Integrationsbestreben.Oberhalb dieses Keramiksockels, ist an allen Wänden entlang ein Zierstreifen mit folgenden Sprüchen lesbar: "Gott ist die Macht, Gott ist der Ruhm, und Gott ist das Königreich".

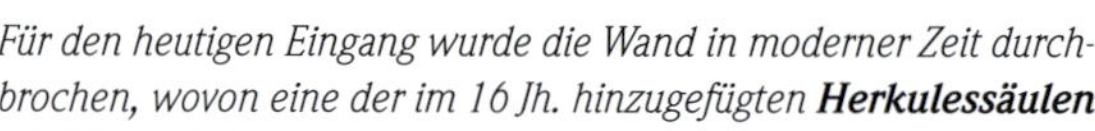

*Für den heutigen Eingang wurde die Wand in moderner Zeit durchbrochen, wovon eine der im 16 Jh. hinzugefügten **Herkulessäulen** mit Fliesen betroffen war und zur Ostwand verlegt werden mußte. Die Gipskrone, die sie zierte, blieb an ihrem Ort oberhalb des Tores.*

Mexuar Gebetsraum

Am Ende des Mexuar Saals und zum Albayzin hinüberschauend befindet sich dieser Raum, der unter der Explosion von 1590 so stark litt, dass er damals vollkommen restauriert werden musste. Im Jahre 1917 wurde diese Restaurierung vollendet. Zu Zeiten der Nasriden betrat man den Gebetsraum von der Machuca-Galerie aus.

An der Nordwand entlang befinden sich vier Fenster. Drei von ihnen sind Doppelfenster oder ajimeces mit kleinen Marmorsäulen und Alabasterkapitellen.

Die wenig zuverlässig restaurierte Wanddekoration ist aber nicht bemerkenswert, mit Ausnahme vielleicht folgender Inschriften rings um den Mihrab herum, die Nachbildungen der ursprünglichen verlorenen Platten sein konnten.und die sich auf Muhammad V. beziehen

"Sei nicht träge, komm zum Gebet"

Der Islam legt die Verpflichtung fest, fünfmal täglich Richtung Mekka zu beten. Daher sind gewöhnlich Gebetsräume vorhanden, deren Hauptelemente - die verzierten Nischen, die Mihrab genannt werden - in die entsprechende Richtung weisen.

Hier kann festgestellt werden, dass der kleine Gebetsraum nicht entlang der Mauer ausgerichtet ist, sondern sich abrupt nach Südosten (Meca) neigt, um in die besagte Richtung zu weisen.

Mihrab des Mexuar Gebetsraum

 Mexuarhof

Dieser kleine Hof hiess früher Moschee-Hof. Auf der gegenüberliegenden Seite eine eindrucksvolle Fassade, die immer als Haupteingang zu dem Comares-Palast betrachtet wurde und auf der Nordseite befindet sich der Cuarto Dorado oder **Goldsaal**.

Wenn man die Stiche aus dem vergangenen Jahrhundert gesehen hat, die diesen Hof darstellen, dann ist die gut ausgeführte Arbeit der Restauratoren leicht zu erkennen

Zeichnungen von Owen, 1842 (oben) und Lithographie von Taylor-Asselineau 1853, vom Hof (rechts).

Eine weisse Marmorschale befindet sich heute im Hof an demselben Platz der anderen, die im Jahre 1943 hier angebracht wurde, um diese zu ersetzen.Drei Bogen bilden die Galerie. Sie ruhen auf feinen Marmorsäulen und die Kapitelle wurden im almohadischen Stil ebenfalls aus weissem Marmor hergestellt. Sie sehen aus wie stilisierte Nachbildungen der Tierformen der Stadt Persepolis.

Ein unterirdischer Gang beginnt an der Ostwand des Hofes und endet im Bad des Comares-Palastes. Darin befinden sich kleine Räume, die vielleicht von den Truppen benutzt werden konnten.

Der Goldene Saal

Er liegt hinter der Galerie und ist zum Wald hin durch ein gotisches Fenster geöffnet, das durch eine Mittelsäule, in deren Kapitell das Emblem der Katholischen Könige zu betrachten ist, getrennt wird. Zur Zeit der Nasriden war das möglicherweise der Ort, an dem auf die Erlaubnis gewartet wurde, den Palast zu betreten

*Die **ursprüngliche Decke**, ein Eckbalkendachstuhl, wurde in 16 Jh. restauriert, jedoch mit gotischen Motiven neu dekoriert. Die Vergoldungen gaben dem Saal seinen Namen.*

DACHWERKE DES MUDEJAR

Bei den Decken und Verkleidungen ist das andalusische Holzhandwerk hervorzuheben, bei dem - wie auch bei den Wänden - die praktische Funktion mit dem durch die Dekoration verliehenen künstlerischen und symbolischen Wert kombiniert wurde.
Viele Bauweisen des al-Andalus wurden von den Kunsthandwerkern, die nach der christlichen Wiedereroberung auf der Halbinsel blieben, die sogenannten "Mu-déjares", weitergeführt. Sie waren die Erbauer zahlreicher Gebäude in den eroberten Städten - darunter der Kirchen, die der neue Glaube errichtete - und verliehen einem ar-chitektonischen Stil, dem sogenannten "Mudéjar", seinen Namen.
Dieser Stil ist durch eine intensive Verwendung von Ziegelsteinen, Zierfliesen und den Arten von Dachwerk, die wir angesprochen haben, gekennzeichnet.

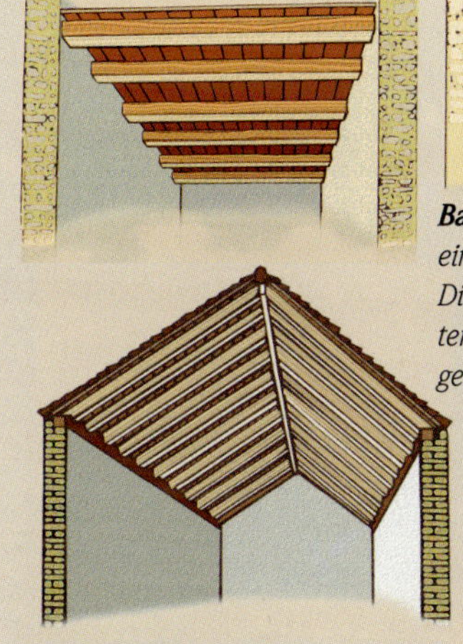

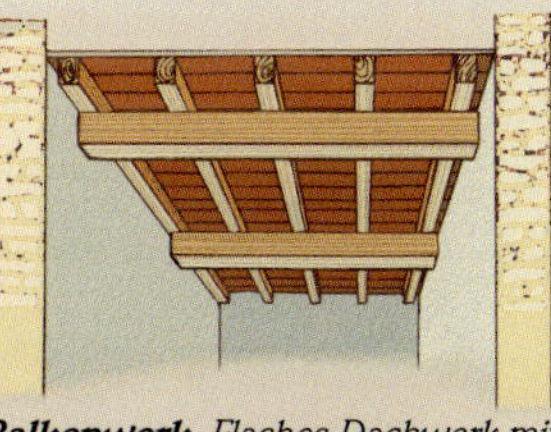

***Balkenwerk.** Flaches Dachwerk mit ein oder zwei Balkenanordnungen. Die großen, auf die Mauer gestützten Balken werden "Unterzug" genannt.*

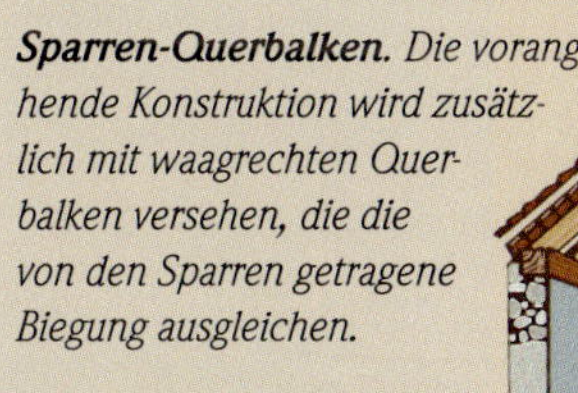

***Sparren-Zugbalken.** Satteldach mit Sparren oder Bindebalken, die sich unten auf dem Stützbalken stürtzen, einem in die Mauer eingelassenen Balken, und oben auf einem weiteren Balken.*

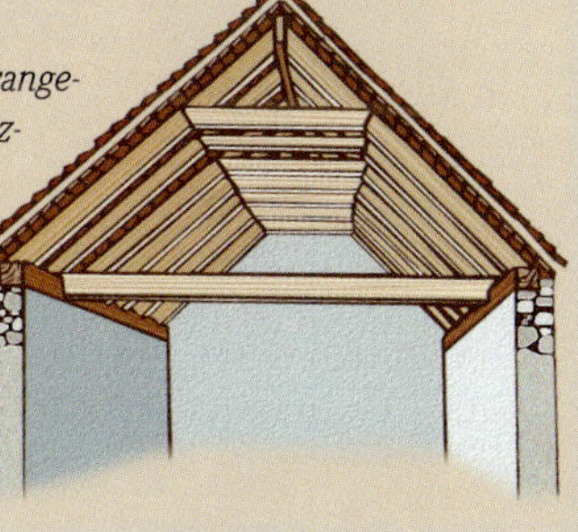

***Sparren-Querbalken.** Die vorangehende Konstruktion wird zusätzlich mit waagrechten Querbalken versehen, die die von den Sparren getragene Biegung ausgleichen.*

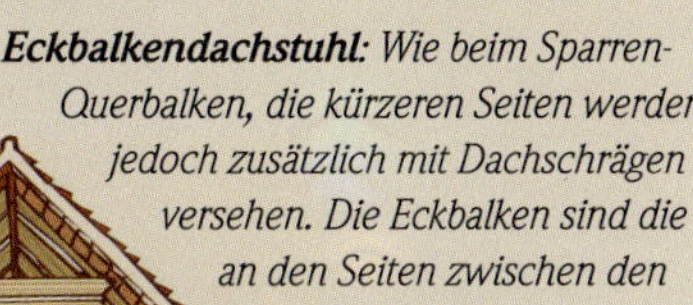

***Eckbalkendachstuhl:** Wie beim Sparren-Querbalken, die kürzeren Seiten werden jedoch zusätzlich mit Dachschrägen versehen. Die Eckbalken sind die an den Seiten zwischen den Dachschrägen angebrachten Balken.*

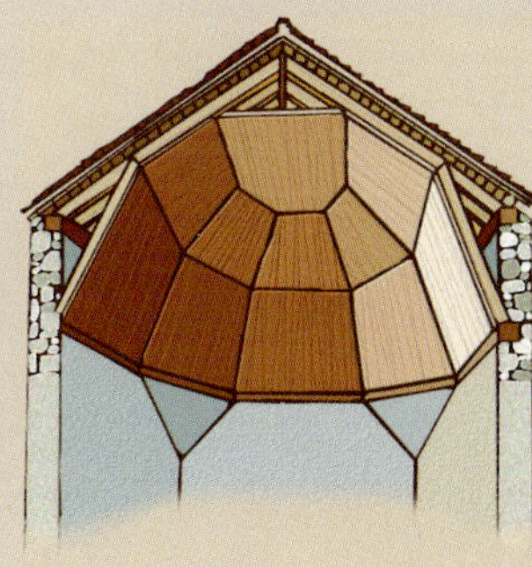

*Üblicherweise wurden zur Herstellung **gewölbter Decken** zusätzliche Verkleidungen angebracht, die von den dargestellten Strukturen getragen wurden.*

Fachada de Comares

Fassade des Comares-Palast

Sie wurde im 19. Jh. stark restauriert und befindet sich auf einer Erhöhung mit drei Stufen aus weißem Marmor. Ihre Gipsverzierungen weisen eine von unten nach oben zunehmende Anordnung auf, vielleicht in Gedenken an die Überlagerung der klassischen Anordnungen.

"Meine Stellung ist die einer Krone und mein Tor eine Zweiteilung: das Abendland glaubt in mir das Morgenland. Al-Gani bi-llah trug mir auf, den Weg zum sich bereits ankündigenden Sieg freizumachen. Ich warte

Zumindest in der von uns bekannten Form wurde sie als Erinnerung an die Einnahme von Algeciras durch Mohammed V. im Jahre 1369 errichtet. Es scheint, daß die im nachstehenden zitierte Inschrift auf die ungewöhnliche Anordnung mit zwei Toren anspielt.

auf sein Auftreten, wie die Horizonte die Morgendämmerung erscheinen lassen. Möge Gott seine Werke verschönern, wie auch seine Erscheinung und Charakter schön sind!"

Inschrift im Fries der Fassade.

*Das **Vordach** aus Holz, eine äußerst feine Holzarbeit, stützt sich auf ein Fries aus dem gleichen Material. Das Schnitzwerk wird von fast allen Autoren als Höhepunkt des spanisch - moslemischen Holzhandwerks betrachtet.*

Der Sinnspruch der Dynastie (rechts) wird in den Teilungsstrei- fen um die beiden seitlichen Bogenfenster und das kleine Mittelfenster mit magrhebinischen Schriftzeichen wiederholt.

"Es gibt keinen Sieger außer Gott"

*Die **Kacheltafelung** oberhalb der Türoberschwellen stammt noch aus der muslimischen Zeit, aber die an den Türpfosten entlang angebrachten sind modern, genauso wie das Kachelwerk am Sockel.*

*Fassade des **Alcázar von Sevilla** aus der Epoche der Almohaden, laut Prof. Manzano das Vorbild dieser Fassade.*

Laut einigen Verfassern befindet sich diese an der Südseite des Hofes gelegene Fassade nicht am richtigen Platz. Oleg Grabar behauptet,

„...sie ist zu gross und zu sehr ausgearbeitet für einen einfachen Durchgang und ist von der Komposition her unverhältnismässig gegenüber dem kleinen Hof, der ihr vorangeht. Sie hat keine klare optische Funktion, obwohl die Inschriften ihre Rolle als Verbindungsstück innerhalb der Organisation des Palastes betonen."

Diese monumentale Fassade muss einen grossen Eindruck erzeugt haben. Sie war polychromiert wie ein Perserteppich, ihre Reliefs und das Vordach waren mit Blattgold versehen, und die Türen aus Bronze glänzten wie Gold.

*Das Tor rechts führt zu einer Art Vorhalle, die nach der Eroberung errichtet wurde. Seinerzeit war sie wohl mit dem Bereich der **Dienerschaft des Palastes** verbunden. Das Tor links führt zu einem kleinen Raum und zum gebogenen Gang der Wache, an dessen Ende der **Myrtenhof** liegt.*

Comares

DER MYRTENHOF

Taylor, 1832

Dieses Ensemble ist zusammen mit dem Botschaftersaal der wichtigste Bereich, in der ganzen Alhambra. Strenge Linien und ausgeglichene Proportionen geben dem Hof eine ruhige Stattlichkeit, so dass die adlige Erhabenheit der Könige, die ihn erbauten, heute noch bemerkbar ist

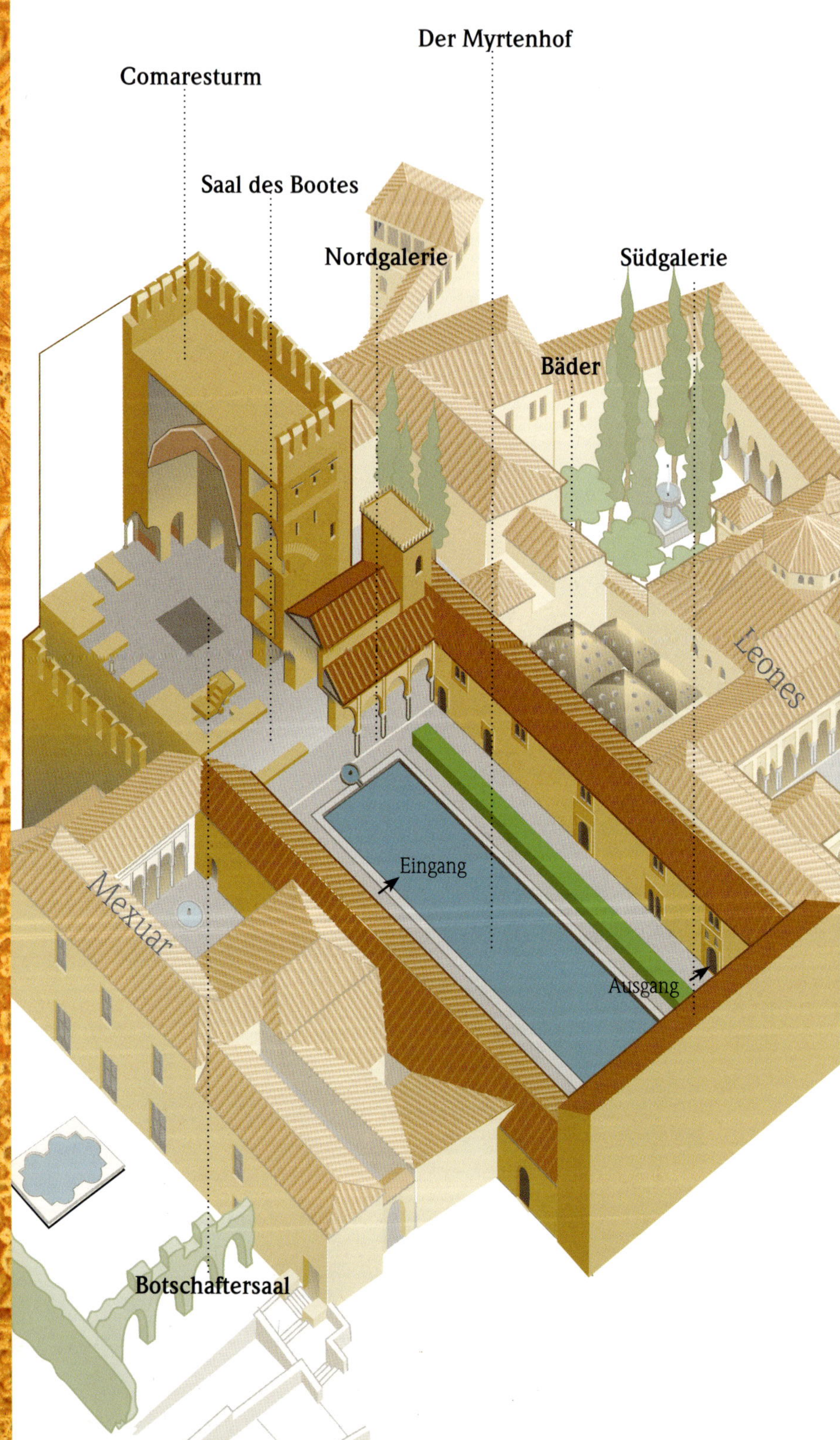
Der Myrtenhof
Comaresturm
Saal des Bootes
Nordgalerie
Südgalerie
Bäder
Leones
Eingang
Mexuar
Ausgang
Botschaftersaal

 Myrtenhof

Der Myrtenhof war der Mittelpunkt der diplomatischen und politischen Tätigkeit in der Alhambra, und wahrscheinlich der Raum, in dem die grossen Empfänge der Botschafter stattfanden, und wo die wichtigen Persönlichkeiten warteten, bis sie von dem Sultan empfangen wurden. Bis jetzt wurde dieser Bau Jusuf I. (1333) zugeschrieben. Immer wurde gesagt, daß der ganze Bereich unter diesem König entstand, auch wenn die Ornamentik von dessen Sohn Muhammed V. in Auftrag gegeben wurde. Es war aber Muhammad V. (1366) der diesen monumentalen Hof erbaute. Er schonte die Räume, die unter seinem Vater entstanden: die Galerie und den Saal des Bootes, den Comaresturm mit dem Botschaftersaal und das Bad dieses Palastes.

Die Myrte oder "Arrayan" (myrtus communis) wurde in der Gärtnerei des al-Andalus sehr viel verwendet. Der Hof verdankt seinen heutigen Namen der Hecke aus diesen Sträuchern, die das Wasserbecken umgibt. Sie grünt zu allen Jahreszeiten und werden ihre Blätter gerieben, so strömt sie ein angenehmes Parfum aus.

"Als in Europa Luftschlösser gebaut wurden, entstanden in Granada Schlösser auf dem Wasser" (Jesus Bermudez Pareja)

Im Mittelalter kam der Besucher durch den Haupteingang an der Südseite hinein, und begegnete dem ***gewaltigen Wasserspiegel,*** *in dem sich der weiße Comaresturm reflektierte. Die schrägliegenden Böden aus weissem Marmor ließen das Wasser des Teiches bis zu den Säulenfüssen kommen, so daß die nördlich gelegenen Säulen auf dem Wasser gestützt erschienen. Der ganze Bau verwandelte sich zusammen mit demTurm in ein schwimmendes Schloß. Der Teich diente vor allem als Spiegel, genauso wie es im später erbauten Tadj Mahal in Agra (1630-1647) der Fall war.*

Auf Stichen wie dem von Lewis aus dem Jahre 1835 (oben) ist zu sehen, daß die beiden seitlichen Türmchen fehlten, genauso wie die Fortführung des Daches des Säulengangs und der Saal des Bootes. Ursprünglich gab es nur einen sicherlich mit Zinnen versehenen Turm an der Ostseite, der das Tor, durch das man heute eintritt, schützte. Die heutige Reform stammt aus dem 19. Jh.

Das Wasser ist das geheimnisvolle Leben der Alhambra; es bringt die üppige Vegetation der Gärten und die Pracht der blühenden Sträucher hervor, es ruht in den Wasserbecken, in denen sich die eleganten mit Säulen umgebenen Säle widerspiegeln, es sprudelt in den Brunnen, und in schmalen Kanälen durchfließt es murmelnd die königlichen Säle. „Ein Blumengarten, durch den die Bäche fließen", so beschreibt der Koran das Paradies.
(Titus Burckhardt).

Wenn Gott die ewige Einheit ist, so ist alles Erschaffene nur ein Teil des Gesamten. Es ist zerbrechlich, sterblich und doppelt vorhanden. Diese Idee der Duplizität alles Seienden und seine ununterbrochene Bewegung wird zu einem ständig vorhandenen Element, sowohl aufgrund der religiösen Bedeutung als auch wegen der ästhetischen Wirkung, die bei ihrer Formgebung hervorgerufen wird. Dies ging so weit, daß der Baumeister lediglich die Hälfte von dem, was man zu sehen wünschte, errichtete: Widerspiegelung der Wirklichkeit selbst, zerbrechliche Leichtigkeit, der Schatten, die andere Seite. Was man berühren kann, hat die gleiche visuelle Bedeutung wie das im Spiegel reflektierte Abbild, auch wenn letzteres nichts weiter ist als eine nicht berührbare optische Täuschung. Auch in der Wüste scheint sich der Horizont in ständiger Bewegung zu befinden, wodurch die unerreichbaren Luftspiegelungen hervorgerufen werden.

Mehrmals wurde behauptet, daß die unteren Seitenwände keine Keramikplatten hatten. Wenn man aber die an der unteren Seite unterbrochene Gipsdekorationen ringsum um die Türen betrachtet, kann man leicht erkennen, daß bis in diese Höhe Kacheln angelegt waren. Diese Tafelung glich wahrscheinlich den mittelalterlichen Fliesen, deren Überbleibsel in den «takas» oder Alkoven der Nordgalerie noch erhalten sind, und die abstrakt die Wasserspiegelung des Teiches nachbilden (gleich dem Braque oder Escher Stil in unseren Tagen).

Rechts die Moschee von Marrakesch (14. Jh.), mit einer ähnlichen Gestaltung.

Fliesenbelag (Alicatado)

Diese Arbeit, eine Art Mosaikarbeit aus Stein, erhält ihren Namen vom Werkzeug -"alicate" (Beißzange) von "al-qata'a": das Stück, der Schnitt , das benutzt wurde, um die Kanten der kleinen Keramikstücke, aus denen die Arbeit zusammengesetzt wurde, abzuschneiden. Die Keramikstücke wurden wie bei einem Puzzle mit der Oberseite nach unten auf einer Fläche angeordnet, mit Gips bedeckt und nach dem Trocknen am ausgewählten Ort angebracht. Die Mosaikstücke mit sich wiederholenden Motiven wurden wahrscheinlich in einer Model geformt und mit der Beißzange oder durch Abschleifen nachgearbeitet. Im Fall des eigentlichen Fliesenbelags war das Keramikstück, das gebrannt wurde, eine kleine Platte, die dann mit der Spitzhaue oder der Beißzange in Form gebracht wurde. Diese Techniken, die in unserem Land außer Gebrauch gekommen sind, werden im benachbarten Marokko, dem Erben des kunsthandwerklichen Reichtums, den al-Andalus in früheren Zeiten mit Nordafrika teilte, weiterhin angewandt.

Die Keramikherstellung beginnt mit der Gewinnung des Tons, im Fall von Granada wahrscheinlich in der Umgebung des Flusses Beiro. Nachdem er zermahlen, mit Wasser verrührt, abgeschlämmt und gestampft worden war, wurde er in die gewünschte Form geknetet. Für die Mosaike ist es wichtig, die Farben zu erhalten: Galenit, Kieselsände sowie bleiführende Mineralien wurden in Öfen geschmolzen und dann zu einem sehr feinen Pulver zerstoßen, das mit Farbstoffen und Wasser in den geeigneten Proportionen vermischt wurde und als Farbbad für die Keramikstücke vor dem Brennen diente.

Kupfer für die Grüntöne.

Kobalt für die Blautöne.

Gelb- und hongigfarbene Töne aus Eisen und Mangan.

Das Gold für die Vergoldungen gewann man aus dem Königswasser - eine Mischung aus Stickstoff und Salzsäure.

Und das Rot wie in dem Beispiel des Turms der Infantinnen, dessen genaues Geheimnis heutzutage in Vergessenheit geraten ist.

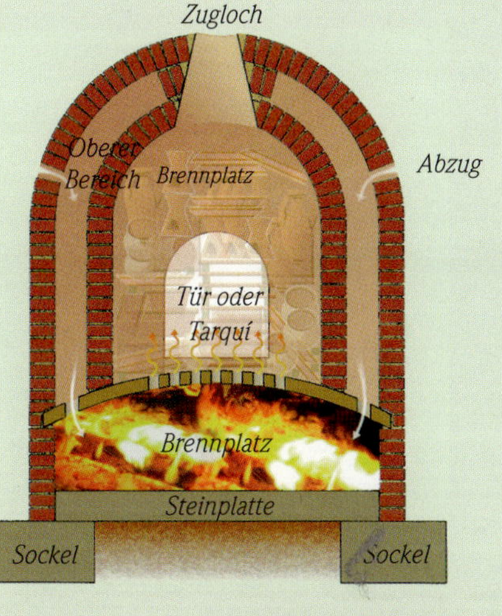

***Das Brennen** wurde in Muffeln oder dreiteiligen Öfen (Feuerstelle, Brennplatz und Oberer Bereich) vorgenommen. Es wurden Temperaturen von bis zu 900 Grad erreicht. Als Brennstoff wurden leicht brennbare Dornensträucher verwendet. Das Brennen dauerte 24 Stunden und die stufenweise Abkühlung mindestens noch einmal so lange.*

***Hohe Kunstfertigkeit** und Raffinesse bei der technischen Ausführung dieser Säulen des Thronsaales, in dem sich die Teile an die Krümmung des architektonischen Elementes anpassen.*

Keramik in Außenbereichen
Dieser Bogen des Gerechtigkeitstores und die Verzierung des Tores im Generalife (unten) zeigen, daß die Keramik nicht ausschließlich zur Dekoration der Innenbereiche verwendet wurde.

Mystik und Mathematik

„Die Anordnungsprinzipien, die dem islamischen Ornamentsystem zugrunde liegen, können grundsätzlich auf den sich wiederholenden Rhythmus und die Stilisierung reduziert werden. Der Rhythmus ist ein grundlegendes Anordnungselement in der Kunst des Islam, auch bei der Poesie und der Musik. In der Kunst folgen die Motive oder Ornamentmuster in sich bis ins Unendliche wiederholenden Rhythmen aufeinander, gleich einer Metapher für die Ewigkeit, die den gesamten Raum erfüllt. Es handelt sich um Formen, die durch Vervielfältigung und Unterteilung, durch Drehung und symmetrische Anordnungen ausgearbeitet werden. Es herrscht eine Faszination für die Wiederholung, die Symmetrie und die ständige Erschaffung von Motiven. Das Ergebnis ist ein dynamischer und gleichzeitig unveränderlicher Effekt, in dem jedes Motiv, das ein Teil der Gesamtornamentierung ist, seine Identität bewahrt, jedoch ohne den anderen überlegen zu sein. Niemals dominiert das Detail über die Gesamtheit. Es ist die Einheit in der Vervielfältigung und die Vervielfältigung in der Einheit. Es wird eine vollständige Harmonie und Ruhe erreicht, eine Kunst der Ausgeglichenheit, in der sich die Spannungen auflösen" *(Prof. Borrás).*

- *Auf formaler Ebene gibt es in der Alhambra zwei Arten von Keramikdekorationen.*
- *Mosaike, bei denen ein oder mehrere Elemente wiederholt werden; im allgemeinen werden sie in Modeln hergestellt, um die Fläche auf eine sich regelmäßig wiederholende Weise zu bedecken (es gibt eine Hauptfigur, durch deren Übertragung auf zwei Achsen die Einheit geschaffen wird).*

Ein einziges Element

Mit einer drei- oder sechseckigen Symmetrie

oder mehr als eins

oder mit achteckigen Symmetrien

Diese Verkleidung im Myrtenhof nimmt das Thema Dreieck - Propeller wieder auf, unterbricht es jedoch durch die Hinzufügung von Sternen und Sechsecken. Da die letztgenannten Elemente nicht mit Farbe versehen wurden, erscheinen sie als Hintergrund und verleiten uns dazu, die drei zusammenlaufenden Flügel als Figur zu sehen. Ein und dasselbe Element stellt bald eine Sache, bald eine andere dar. Hervorragende Darstellung der Veränderlichkeit des Geschaffenen, die hauptsächlich im Wasser symbolisiert wurde.

- *Fliesenbeläge, bei denen kein Grundelement gesondert betrachtet werden kann, da abwechselnd Techniken der Stufung, Drehung und Niveausprünge angewandt wurden, die sie zu einer untrennbaren Einheit machen.*

Fliesen der Thronnische im Botschaftersaal

Turm der Gefangenen

In diesem Fall spielt die Symmetrie bezüglich ein, zwei, drei, vier oder sechs Achsen der Fläche hinein sowie die Spiele, bei denen kleinere Elemente kombiniert werden, um andere übergeordnete zu bilden. Ein Beispiel ist diser Pfosten der Lindaraja mit drei Sternanordnungen, bei der die jeweils übergeordnete die untergeordnete einschließt.

Diese sich wiederholenden Rhythmen können sich bis ins Unendliche erstrecken und weitreichende Flächen bedecken. Die Alhambra ist wahrlich ein Museum von künstlerisch verschlungenen Bändern.

Die mathematische Komplexität der Fliesenbeläge hat Künstler und Forscher seit alters her fasziniert. Einer von ihnen war der holländische Zeichner Maurits C. Escher, der die Anreize und Inspiration für seine berühmten Wahrnehmungsexperimente mit Mosaikanordnungen und Hintergrund/Figur-Spielen in den Fliesen der Alhambra fand. Dieses Monument lernte er 1926 und vor allem 1936 kennen.

Zeichnung von Escher, 1938. Bleistift und Aquarell.

Zu Zeiten von Yusuf I. war der Hof ein offener Platz. Sein Sohn Mohammed V. ließ die Galerie, die ihn zum Süden hin abschließt, errichten und vollendete auf diese Weise ein Gelände, in dem das griechische Megaron und das römische Atrium, die sich über die Jahrhunderte hinweg zu einer sublimen Schlichtheit entwickelten, vereinte.

Das Gesims des Palastes von Karl V. unterbricht die zerbrechlichen, schwebenden Linien des Hofes, da seine steinerne, feste Masse ihn überlagert; es sind zwei unterschiedliche Arten, den Raum und die Formen zu verstehen.

Der grössere Zentralbogen ist auf ***Kapitellen mit «mocárabes»****, genauso wie in Isphahan (oben links). Die anderen drei Bogen zu beiden Seiten erheben sich über würfelförmigen Kapitellen.*

Die Inschriften aus Gips und Holz an dieser Südfassade beziehen sich auf Gott und den Sultan, und sind meistens Abbildungen der anderen an der Nordseite angebrachten Verzierungen.

Die Laibung des moslemischen in die Krypta führenden Bogens weist eine zarte blaue Pflanzenverzierung auf. Oberhalb dieses Bogens sind drei kleine Fenster mit Gipsjalousien sichtbar.

Die südliche Galerie weist einen modernen ***Keramiksockel*** *auf.*

Hinter dem Zentralbogen befindet sich die sogenannte Krypta des Kaiserpalastes und die Überbleibsel eines Saales, der von den Mauern des christlichen Palastes in zwei geteilt wurde. Heutzutage ist er nicht vom Hof aus zugänglich.

Diese Südfassade wurde von einem ***dritten Stockwerk*** *abgeschlossen. Es handelt sich um eine Galerie mit einer schlingenförmigen Holzdecke und sieben Bogen, von denen der mittlere eine flache Oberschwelle mit stufenförmigen Holzstützen aufweist. Alle Öfnungen dieser oberen Galerie wurden im 20 Jh. mit Holzjalousien versehen.*

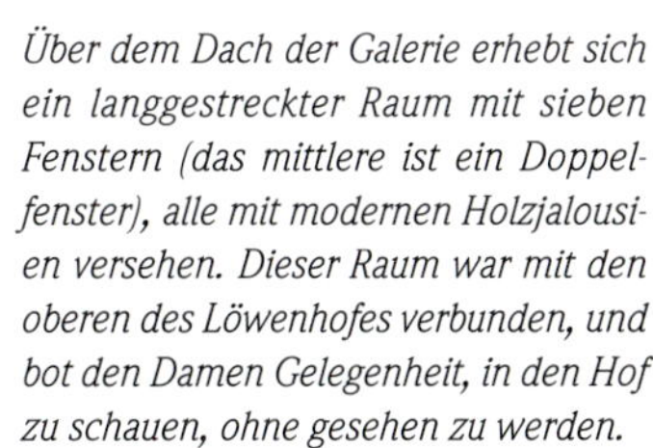

Über dem Dach der Galerie erhebt sich ein langgestreckter Raum mit sieben Fenstern (das mittlere ist ein Doppelfenster), alle mit modernen Holzjalousien versehen. Dieser Raum war mit den oberen des Löwenhofes verbunden, und bot den Damen Gelegenheit, in den Hof zu schauen, ohne gesehen zu werden.

Die erste Tür auf der anderen Längsseite (südliche Ecke) führt in den Löwenhof, und die letzte war der ursprüngliche Zutritt in das Comaresbad. ***Die beiden Seitenwände*** *sind jeweils mit fünf Toren versehen, die zu kleinen Räumen führen. All diese Räume haben zwei Etagen, die obere wird durch Doppelfenster beleuchtet. Manche dieser Räume weisen erhöhte Ziegelfußböden auf. Wahrscheinlich wurden sie von den moslemischen Beamten benutzt, die auf einem solchen Fußboden sitzend arbeiteten.*

Die Nordgalerie

Die Nordgalerie hat eine grosse Ähnlichkeit mit der südlichen, denn ihre Ornamente und Inschriften sind meistens Abbildungen der auf der anderen Seite gelegenen Galerie.

Oberhalb des Sockels aus dem 16. Jh. verläuft in kursiv-andalusischen Schriftzeichen eine Poesie von Ibn Zamrak. Eine ihrer Strophen besagt sich auf Mohammed V. beziehend:

„Du hast Algeciras mit der Kraft des Schwertes erobert und für unseren Sieg ein Tor geöffnet, das im Verborgenen lag".

*Den epigraphischen Wandstreifen krönt der **Lebensbaum**. Diese Art von Darstellung, bei der sich Pflanzenelemente von einem übergeordneten Scheitelpunkt aus entfalten, spielt auf den umgekehrten Baum an, der die Sterne des Universums trägt und seine Wurzeln ins Paradies streckt.*

*1890 wurde die **Kassettendecke** dieser Galerie sowie die des unmittelbar angrenzenden Saales des Bootes en einem Brand zerstört. Sie wurde später wiedererrichtet, wobei viele der verbrannten Teile auf eine meisterhafte Weise verwendet wurden. Siehe Foto links.*

*Das im letzten Jahrhundert (1954) hervorragend restaurierte **Tor** ist ein Renommierstück für die "religiöse" Genauigkeit und Hingabe der nasridischen Holzhandwerker.*

*Geometrische **Detaildarstellung** der Stuckdekoration.*

Sala de la Barca — Saal des Bootes

Das ist der längliche Saal, der hinter der Galerie und vor dem Thronsaal liegt. Er verfügt über zwei durch gestelzte Bögen begrenzte Alkoven, an jedem Ende einen, sowie über eine Toilette an der Westseite.

Rechts, Zugangsbogen nach dem Stich von Taylor (1855).

Saal des Bootes

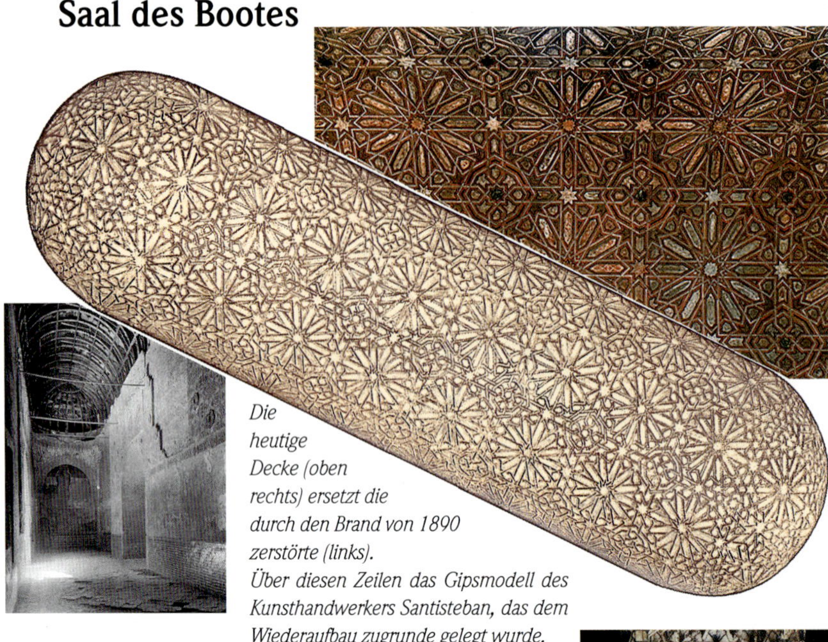

Die heutige Decke (oben rechts) ersetzt die durch den Brand von 1890 zerstörte (links). Über diesen Zeilen das Gipsmodell des Kunsthandwerkers Santisteban, das dem Wiederaufbau zugrunde gelegt wurde.

Überall erscheint die Begrüßung «baraka» (Segen). Wahrscheinlich entstand der Namen durch die Wiederholung dieses Wortes, das eine grosse Ähnlichkeit mit dem spanischen Wort barca (Schiff) aufweist. Außerdem war die Form der Decke, gleich einem auf den Kopf gestellten Schiff, ein visueller Anhaltspunkt für diese Bezeichnung.

Die **Keramik mit kalten Tönen** in den Sockeln läßt darauf schließen, daß dieser Bau aus der ersten Hälfte des 14. Jh. stammt.

Der **Zugangsbogen** (rechts) weist Reste der Polychromie auf, wie auch der Bogen, der zum benachbarten Botschaftersaal führt.

Die Marmorblöcke am Fuß der Eingangsbögen waren blau und golden gefärbt und vereinzelt mit sehr stilisierten Hirschen dekoriert, wie die auf dem Krug, der im Museum der Alhambra (links) ausgestellt wird. Von diesen Marmorpfosten wird ein sehr gut erhaltener im Archäologischen Nationalmuseum (Madrid) aufbewahrt.

An der Laibung des Torbogens befinden sich schöne ausgemeisselte Nischen, in denen Behälter mit Wasser, Parfüme oder Blumen waren. Aber hauptsächlich war es Wasser, als ein Symbol von Gastfreundschaft, wie man aus den Gedichten um die Nischen herum ersehen kann.

„Lobrede an Gott. Mit meinem Schmuck und meiner Krone blende ich die mit Schönheit beschenkten Wesen, denn die Sterne kamen zu mir herunter von ihrer weit oben gelegenen Heimat. Der Wasserkrug erscheint in mir wie ein Gläubiger, der in der 'quibla' im Tempel von Gott gedankenabwesend verweilt.... Ich biete dem Durstigen Erholung, dem Bedürftigen Unterkunft... Die Finger meines Baumeisters bearbeiteten mein Werk mit Zartheit, nachdem sie die Steine meiner Krone geordnet hatten. Ich ähnle dem Thron einer Gattin, aber bin ihm überlegen, denn in mir ist die Glückseligkeit des Neuvermählten. Der Durstige, der zu mir kommt, wird von mir zu einem Ort geführt, wo er sauberes, frisches, süßes und reines Wasser finden wird, denn ich bin wie ein erscheinender Regenbogen und die Sonne ist unser Herr Abul Hachach."

Botschaftersaal

Symbolisches Zentrum der nasridischen Macht. Hier spricht alles von Raffinesse und Glanz, von dem goldenen Brot, das immer noch in dem Eintrittsbogen zu betrachten ist, über die verschlungenen Mosaike bis hin zur prachtvollen Decke, die die Einheit krönt.

*Der **Grundriß des Saales** läßt die Täuschung erkennen, die der Comaresturm hervorruft. Trotz der Errichtung in der Art eines Militärturms und einer Höhe von 45 m zeigen die drei tiefen Nischen an jeder Seite, die seine Verteidigungsstruktur schwächen, den wahren höfischen Charakter des Saals. Die eigentlichen Nischen sind durch Decken aus prächtigen Holztäfelungen gekrönt.*

***Die fünf Fenster** an jeder Seite des Turms stellen eine Erinnerung an die Architektur in der Wüste dar. Die hellsten, die zum Süden zeigten, wurden zugemauert, um der Wand Festigkeit zu verleihen. Das Lichtspiel kann heute in dem Saal des Bootes (oben) betrachtet werden: die festen Elemente befinden sich aufgrund der Sonnenstrahlen, die vom Wasserbecken reflektiert werden, in ständiger Bewegung.*

Der Thron- oder Botschaftersaal wird auch Comaressaal genannt, von "qamariyya", das aus dem arabischen stammt und Glasfenster bedeutet. Die auf diese Weise in Farben eingetauchten Nischen waren die bevorzugten Plätze der Würdenträger und wichtigen Persönlichkeiten, die sich - genauso wie in den Zelten - stets in den Ecken niederließen.

Auf der Seitenansicht von Owen Jones, 1842 (unten) kann man sehen, daß die Holzdecke keine tragende Funktion hatte. Seinerzeit befand sich oberhalb ein Tonnengewölbe, das jedoch aufgrund seines übermäßigen Gewichtes Ende des 17. Jh. abgebaut wurde. Später wurde der Turm mit einem Dach versehen, das Anfang des 20 Jh. entfernt wurde.

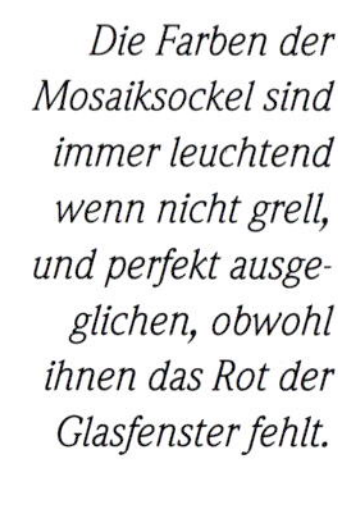

Die Farben der Mosaiksockel sind immer leuchtend wenn nicht grell, und perfekt ausgeglichen, obwohl ihnen das Rot der Glasfenster fehlt.

m nördlich gelegenen Hauptbalkon vurde der Thron aufgestellt, wie ich aus den Inschriften ergibt, die berhalb der Kacheln in diesem Raum an der Wand entlang verlauen. Darin steht:

"Jusuf wählte mich um die Stelle des Thrones im Königreich zu übernehmen"

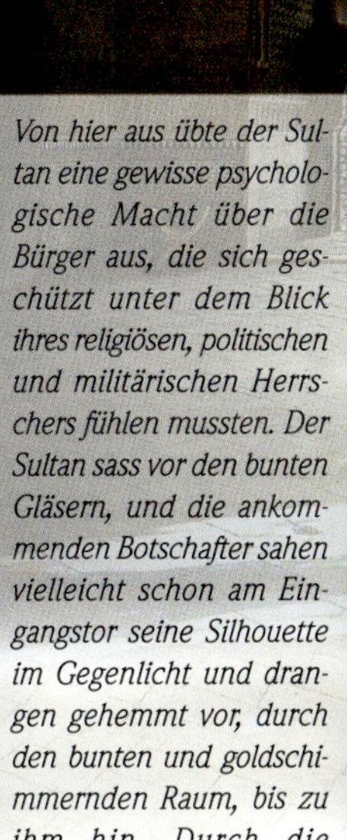

Von hier aus übte der Sultan eine gewisse psychologische Macht über die Bürger aus, die sich geschützt unter dem Blick ihres religiösen, politischen und militärischen Herrschers fühlen mussten. Der Sultan sass vor den bunten Gläsern, und die ankommenden Botschafter sahen vielleicht schon am Eingangstor seine Silhouette im Gegenlicht und drangen gehemmt vor, durch den bunten und goldschimmernden Raum, bis zu ihm hin. Durch die damals geöffneten Fenster der Südseite konnte der Sultan von seinem Thron aus die Stadt sehen, den Himmel und das Wasser, das sich im Myrtenhof wie ein Spiegel vor seinen Augen anbot.

Er sieht trotz der fehlenden Fenstergläser wunderbar aus. Diese wurden durch die Explosion von 1590 zerstört. Sie waren die durchsichtige Fortsetzung der Wandkacheltafelung, mit der gleichen geometrischen Anordnung. Die geradegeschnittenen Keramikteile an der Wand entsprachen den Streifen aus Blei, die die bunten Gläser einfassten. Das Licht kam durch diese bunten Gläser in den Raum und schimmerte auf dem blauen und goldgelben Boden. In der Mitte des Raumes befinden sich noch Überbleibsel dieser Platten, heute mittels eines Strickes geschützt. Aber nicht alle Teile sind original, nur diese, in denen die blaue Farbe ringsum um die Wappen flach verarbeitet wurde, damit sie beschwerdelos mit blossen Füssen betreten werden konte. Die anderen Platten mit Reliefs oder Erhebungen um die Farben herum wurden erst nach der Eroberung angebracht und befinden sich gemischt mit den ursprünglichen.

Die Decke wurde prachtvoll von den Zimmermeistern des Königreiches ausgeführt.Sie besteht aus 8.017 Holzstücken mit übereinanderliegenden Reliefs aus Zedernholz. Mehrere symmetrische Tafeln werden in der Mitte der Kuppel durch ein verziertes Viereck abgeschlossen.

Während der Bauarbeiten an der Decke wurde eine Tafel, die etwas über die anderen herausragte entdeckt. Sie enthielt Inschriften und detaillierte Bemerkungen zu den Farben, mit denen die Decke zu versehen war. Don Darío Cabanelas (OFM) unterzog die Tafel einem Studium, und gab die Farben in folgender Reihenfolge an: weiß, rot, walnußweiß, hellgrün, ein weiteres Rot, ein anderes Grün und nochmals rot. Auf diesem Studium basiert die maß-stabgerechte Nachbildung, die die ursprüngliche Polychromie aufweist. Unten die Decke in ihrem heutigen Zustand.

Auf dem Streifen, auf dem die Decke ruht, ist zu lesen:

...Derjenige, der die sieben übereinander gelagerten Himmel schuf; in der Schöpfung des Frommen ist keine Unstimmigkeit zu erkennen..." *Koran. Sura LXVII.*

Dies erlaubt, die Decke als Darstellung der sieben Himmel der islamischen Eschatologie zu interpretieren. Diese geozentrische Konzeption stellt sich eine flache Erde vor, über der die sieben konzentrischen Himmel gelagert sind. Diese werden vom Paradies gekrönt Lebensbaum, Träger der Sterne und Galaxien, seine Wurzeln streckt, gekrönt.

Die kleine Kuppel mit "Mocárabes" stellt das Paradies dar. Das Zentrum war von einem reinen Weiß. Alle übrigen Zentren der Sterne sind walnußweiß, die unvollkommene Widerspiegelung der Göttlichkeit.

***Die verschlungenen Sterne** mit acht und sechzehn Elementen wurden nach präzisen Regeln, die eine ganze Disziplin darstellten, geschaffen. Gómez Moreno nimmt jedoch an, daß die Zusammenstellung eher Erfahrung im Umgang mit Winkelmessern voraussetzte, als daß sie auf numerischen Berechnungen beruhte.*

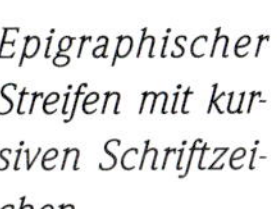

Die Wände ihrerseits sind wahrhaftige Wandteppiche, deren Gipsarbeiten und Epigraphik beinahe die Vollkommenheit erreichen.

Die Inschriften mit kufischen, maghrebinischen und kursiv-andalusischen Schriftzeichen beziehen sich, neben den Lobreden auf den Sultan Yusuf I., hauptsächlich auf religiöse Themen. Auffallend ist die ständige Wiederholung des Sinnspruchs:

"Es gibt keinen Sieger außer Allah"

Paneel in der Leibung des Zugangsbogens zum Saal.

Eine kaum wahrzunehmende Inschrift im Kapitell eines des Alkoven bestätigt mit ihrem Text den öffentlichen Charakter des Saals. Sie lautet wie folgt, wobei um Kürze gebeten wird:

„Sprich wenig Worte und du wirst in Frieden gehen."

Epigraphischer Streifen mit kursiven Schriftzeichen.

Verschlungene Sterne. Die sich ineinander verschlingenden Bänder, die aus den Sternen hervorgehen, verleihen dieser Dekoration ihren Namen.

Inschriften im kufischen Stil, die beim bloßen Betrachten kaum vom reinen, geometrischen Spiel zu unterscheiden sind.

Versclungene Bögen und Formen die denen im Gerechtigkeitstor ähnlich sind und einen klaren Einfluß der Almohaden aufweisen

Epigraphischer Übergangsstreifen zwischen Motiven.

Unten, Blumenmotive in der Nische am Eingang zum Saal des Bootes

DIE ARABESKE

Inschrift im Pfosten des Zugang zum Comaressaal

„Die Arabeske verfolgt mit ihrer rhythmischen Wiederholung einen ganz anderen künstlerischen Zweck als die figurative Kunst und ist ihr sogar entgegengesetzt. Sie möchte den Blick weder fesseln noch ihn an eine imaginäre Welt binden, sondern ihn viel mehr von allen Fesseln der Gedanken und Vorstellungen befreien, wie dies bei der Betrachtung von Wasserläufen, von im Wind bewegten Weizenfeldern, von dem Fall der Schneeflocken und den aufsteigenden Flammen des Feuers erreicht wird. Diese Betrachtung fuhrt zu keiner bestimmten Idee, sondern zu einem Daseinszustand der gleichzeitig Ruhe und intime Vibration bedeutet. Das ist die abstrakte Kunst, aber nichts in ihr findet ihren Ursprung in einer halb subjektiven, halb bewußten Annäherung; sie folgt viel mehr einer vollkommen bewußten Regel. Die Arabeske findet ihren Ursprung in der Entwicklung von Blattranken und gehorcht dem Gesetz des reinen Rhythmus; daher das ununterbrochene Fließen, die entgegengesetzten Phasen, das Gleichgewicht zwischen vol-len und in der Vertiefung belassenen Formen. Bei den Arabesken der Alhambra werden abstrakte Palmetten mit stilisierten Blumen und geometrischen Verschlingungen, Feuerzungen, Jasminblüten, Schneeflocken, unendliche Melodien und göttlicheMathematik kombiniert oder - um die Worte der mystischen Moslems zu verwenden - gleichzeitig das „Entzücken und die Besonnenheit" dargestellt. In all das werden Zeilen hierartischer Schriften eingefügt oder ineinander ver- schlungen und manchmal erheben sich aus ihren Schäften feine, gekreuzte Bögen, die mit den Flammen einer brennenden Kerze zu vergleichen sind.

Die geometrischen Rosen und Sterne, die ständig kombiniert und ausgebreitet werden, entspringen ganz dem islamischen Geist. Sie sind das reinste Symbol der Existenz der göttlichen Wirklichkeit, die überall, in jedem Sein und in jedem Kosmos das Zentrum bildet. Kein Lebewesen und keine Sache kann dabei von sich beanspruchen, es allein wäre das Abbild, so daß es unendlich oft von Zentrum zu Zentrum widergespiegelt wird. Die „Einheit des Seins" kommt in diesen Spinnweben Gottes auf zweifache Weise zum Ausdruck: durch den Umstand, aus einem einzigen Band gewoben zu sein und durch das Ausstrahlen vieler Zentren. Dieses Werk erfüllt den moslemischen Künstler wie kein anderes mit Freude.

(Titus Burckhardt)

DIE GIPSARBEITEN

Die Gipsarbeiten sind ein wesentlicher Bestandteil der nasridischen, wie auch allgemein der islamischen Kunst. Es ist ein vergängliches Material, dessen Verwendung jedoch nicht auf Armut oder Knappheit zurückzuführen ist. Die nasridische Kunst lehnte die Verwendung von Stein in Wänden und Dekorationen größtenteils wegen der Vorteile ab, die der Ziegelstein, das Holz und der Gips bieten, diese Materialien sind luftdurchlässig, können verunreinigende Elemente absorbieren und Feuchtigkeitsänderungen ausgleichen. Natürlich gab es auch Überlegungen bezüglich der Wirtschaftlichkeit und Schnelligkeit: Gips ist viel einfacher zu bearbeiten als Stein und leichter zu ersetzen.

Professor Borrás spricht von einer Entwicklung der Formen von den schlichtesten der Tradition der Almohaden (die glatten Blätter) bis hin zu den kompliziertesten mit Blattgerippe, die aus der Tradition der Almoraviden stammen. Obwohl häufig klar definierte Elemente wie die Ananas auftreten, ist es schwierig, die Gipsverzierung mit den Pflanzen, in denen sie inspiriert ist, zu identifizieren. Der Mensch kann die Vollkommenheit der Natur nicht erreichen, daher soll er es unterlassen, sie nachzuahmen, und sich viel mehr ihrer Betrachtung hingeben oder einen Abglanz ihrer Formen als angemessenen Hintergrund für das göttliche Wort schaffen. Ein weiteres wiederholtes Motiv ist die Muschel, Symbol des Wassers, Ursprung des Lebens, Monopol des Schöpfers. Von der Venus bis zur christlichen Taufe war die Muschel stets ein Synonym für Leben, Fruchtbarkeit und Reinigung.

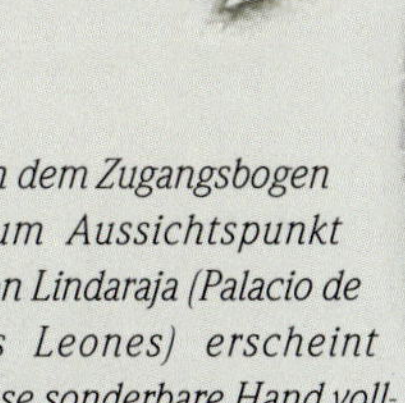

In dem Zugangsbogen zum Aussichtspunkt von Lindaraja (Palacio de los Leones) erscheint diese sonderbare Hand vollkommen integriert.

DIE ARABISCHE EPIGRAPHIK

Unter Epigraphik wird die in verschiedenen Materialien (Stein, Metall, Holz, Stuck, Keramik, Textilien, usw.) und unterschiedlichen Stilen gearbeitete Schrift, mit der ästhetische und symbolische Zwecke verfolgt werden, verstanden. Die Kalligraphie ist der wichtigste künstlerische Ausdruck des Islam und folglich ist der Kalligraph der Künstler, der gesellschaftlich am höchsten angesehen ist (derjenige, dessen Worte schön sind, ist zu respektieren). Denn die Kalligraphie gibt dem göttlichen Wort Form und hat die gleiche ikonographische Bedeutung wie die Bildnisse der westlichen Kunst. „Die arabische Schrift ist mit den heiligen Bildnissen der christlichen Kunst vergleichbar und stellt einen Ersatz dieser Bildnisse dar." [...] Die Wichtigkeit der epigraphischen Inschriften machen die Alhambra zu einem wahren Buch, das äußerst treffend als „die prächtigste Ausgabe der Welt" bezeichnet wurde" *(Prof. Borrás)*.

Stuckinschrift im Turm der Gefangenen.

Holzinschrift im gleichen Turm.

Steininschrift in der Nische von Comares

Keramikinschrift im Turm der Gefangenen.

Die Tatsache, daß das Arabische die Sprache war, in der der Koran geschrieben wurde, verlieh ihm einen heiligen Charakter und machte es zum Symbol der moslemischen Kultur, so daß die arabische Schreibweise sogar dazu diente, Texte anderer Sprachen (Persisch, Türkisch, Afghanisch, nordafrikanische Dialekte...) niederzuschreiben. Rechts, nasridischer Koran. Manuskript über Velin, S. XIV (B.N. Paris)

Das arabische Schreibsystem besaß anfänglich lediglich Zeichen für die langen Vokale und Konsonanten, und hierbei konnte ein und dasselbe Zeichen verschiedene Laute darstellen. Diese Schwierigkeit führte dazu, daß,obwohl die offizielle Epigraphie anfangs eine Stileinheit, die kufische Schriftweise, beibehielt aufgrund von praktischen Bedürfnissen eine „Nutzschrift" mit diakritischen Zeichen und zusätzlichen Vokalzeichen entwickelt wurde, die ab dem 10. Jh. auch für die Inschriften als kursvive Graphik oder "nasjí" verwendet wurde und schließlich die Verwendung der kufischen Schrift übertraf.

Die Stile können in groben Zügen chronologisch eingeordnet werden:

Kufisch-altertümlich: *mit streng horizontaler Hauptlinie des Textes und geometrischen Formen.Die Leerräume werden nicht genutzt.*

Grabplatte (854 n. Chr.). Museum von Málaga

Mihrâb der Aljafería (Zaragoza)

Die ***Taifareiche*** *entwickelten sowohl bei der kufisch-blumengeschmückten Schrift wie auch bei der schlichten lokale Varietäten.*

Kufisch-blumengeschmückt: *die Charaktere werden stilisiert und Blumenränder sowie Verzierungen hinzugefügt. Eine Neuschaffung der Abbasiden, die jedoch im al-Andalus mit der Gründung des Kalifats der Omeya auftritt.*

Madinat al-Zahra (956 n Chr.)

Mqabriyya almohade (1221 n. Chr. Museum von Málaga.

Kufisch Almohade: Besteht gleichzeitig mit der kursiven Schrift. Die kufische Schrift wird mit gebogenen Verknüpfungen im unteren Bereich, Zierrändern und Hintergründen mit Pflanzen als Füllung bereichert.

Schlicht: *eine vom Kalifen Cordobas al-Hakam (961) eingeführte Variante. Die Pflanzenränder werden entfernt und die Schriftzüge werden weiterentwickelt.*

Cordobesische Grabplatte (1103 n. Chr.).

Kursiv: Eher am Nutzen orientierte und lesbarere Schrift. Ihre Verwendung fällt mit dem Gebrauch vielseitigerer Materialien wie dem Holz und Stuck zusammen.

Die Bevorzugung bestimmter Stile oder Formen stellt letztendlich einen Hinweis auf die ideologische Machtausrichtung in einer bestimmten Epoche dar. In einigen Fällen kann auch von einer Propagandafunktion der Epigraphik gesprochen werden. Gegenüber einer Sammlung von Lobformeln für den Herrscher und einer starken Verwendung der kufischen Schrift im Kalifat der Omeyas oder der Taifareiche wurde mit der Reform der Almohaden die Verwendung der kursiven Schrift allgemein eingeführt und die Zitate mit einem überaus religiösen Charakter versehen. In der islamischen Welt sind die politische und religiöse Macht stark miteinander verbunden.

Die Nasriden haben die Formeln der Gründungszeit des Kalifats wieder aufgenommen und in ihren Inschriften die kursive und kufische Schrift gleichzeitig verwendet. Sie schufen eine Fülle an Hintergründen mit Pflanzenmotiven, wie das an diesem Beispiel des Myrtenhofes zu erkennen ist. Die Formel ist der Sinnspruch der Nasriden: „Es gibt keinen Sieger außer Allah". (unten, in kursiv).

*Die **oberen Räume** des Turms - bis zu vier Stockwerke - sind in der Südmauer errichtet. Der größte Raum ist der des dritten Stockwerks mit Doppelfenster (links) und Tonnengewölbe, das mit einem Zimmerwerk aus Holz geziert ist. Möglicherweise waren es Privatgemächer des Sultan, der von dieser privilegierten Stellung aus den benachbarten Myrtenhof und einen Großteil der Hofstadt erblicken konnte.*

Allein der Ausblick, den der Comaresturm von oben bietet, erklärt die Gründe, die die Nasriden-Könige hatten, um den Hügel Sabika als Sitz und „Krone" des Königreiches zu wählen. Der traditionell grenzenlose Raum der Wüste, das mit Eleganz und Erhabenheit aufgerichtete Zelt, das der Turm selbst ist, bietet sich hier den vier Horizonten dar, offen gegenüber allen Winden und allen Sternen. Wachsam und stolz zeigt er lediglich die rauhe Haut der tropischen Frucht, um den süßen Geschmack seiner inneren Weisheit eifersüchtig zu hüten.

"Ich bin die Braut in hochzeitlichen Gewändern, mit Schönheit und Vollkommenheit ausgestattet. Betrachte diesen Wasserkrug und du wirst die Fülle an Wahrheit, die meine Worte birgt, verstehen. Betrachte auch meine Krone, sie wird dir dem Neumond ähnlich erscheinen..."

Marmorplatte aus Macael im Bogen, der vom Portikus aus den Zugang zum Saal des Bootes bildet.

Patio de los Leones

Der Löwenhof

Roberts, 1835.

Der Löwenhof war das Zentrum der Privatresidenz des Sultans. Um den Hof herum lagen die Räume für die Frauen. Dieser Bereich diente nicht nur als Harem. Hier konnten auch diplomatische und politische Tätigkeiten stattfinden. Es wurde bestätigt, daß am 30. Dezember 1362 (während der zweiten Regierungszeit Mohammed V.) im Löwenhof nur der Saal der Zwei Schwestern errichtet war, und daß die anderen Räume erst später entstanden.

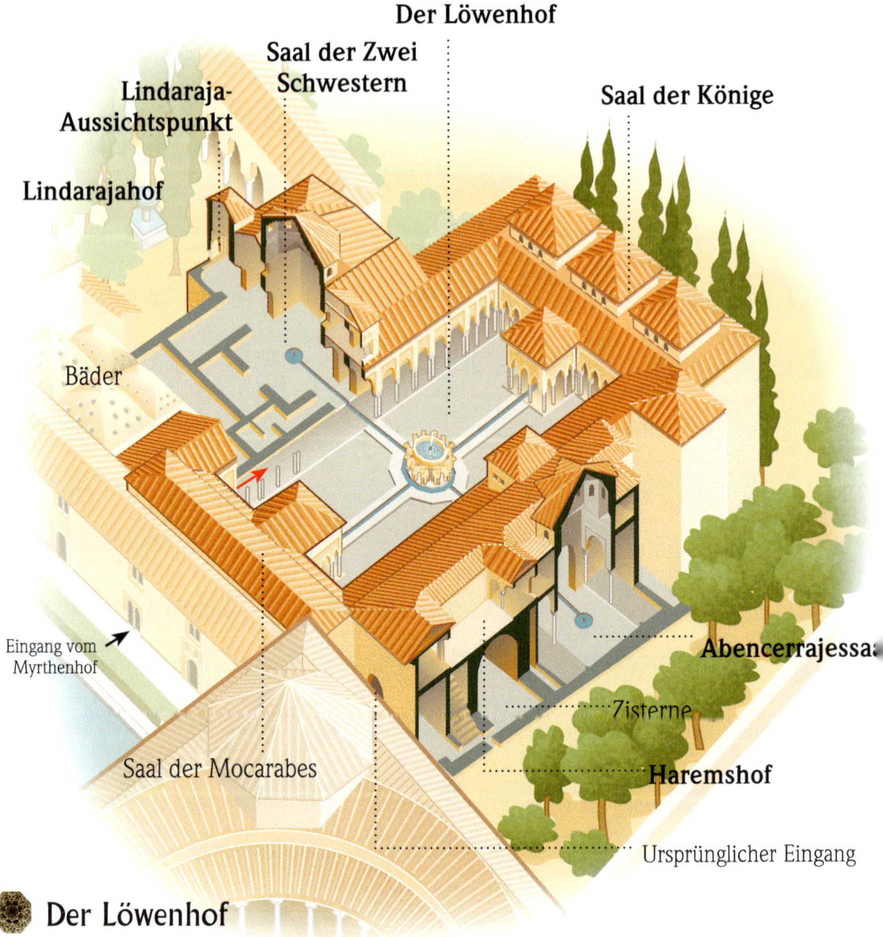

Der Löwenhof
Saal der Zwei Schwestern
Lindaraja-Aussichtspunkt
Saal der Könige
Lindarajahof
Bäder
Eingang vom Myrthenhof
Abencerrajessaal
Zisterne
Haremshof
Saal der Mocarabes
Ursprünglicher Eingang

Der Löwenhof

Betrat man den Löwenhof, so breitete sich vor dem Besucher allmählich die Pracht des Hofes aus, ganz gleich ob er nach rechts oder nach links am Kreuzgang entlang ging. Ein Wald von Goldsäulen stand vor ihm, gleich den „Goldfransen einer vom Himmel herunterhängenden Spitze", denn die Pflanzen im Hof ließen nicht sehen, daß die Schäfte auf den Marmorbasen ruhten.

*Ein **Vordach** aus geschnitztem Holz mit kleinen zierlichen Kragbalken verläuft oberhalb der Schwelle am Hof entlang und schützt die Verzierung der Bogen und Säulen.*

*Der Wahlspruch der Nasridendynastie, die Schriftzüge **„Es gibt keinen Sieger außer Allah,"** wiederholen sich überall.*

*Zwischen dem einen und dem anderen **Pfeiler** befand sich ein kleiner „Vorhang"-Bogen aus durchbrochenem Gipswerk, der nur als Verzierung diente.*

*Die **Kapitelle** und Bogen wurden mit verschiedenen Motiven ornamentiert. Sie sind nur dem Anschein nach ähnlich. Tatsächlich verbergen sie dahinter eine große Anzahl verschiedener Dekorationselemente, die man auf den ersten Blick nicht wahrnimmt.*

„Die Integrität der granadinischen Kunst zeigt sich im Überfluß der vielen einzelnen Formen, wie bei den Säulenkapitellen im Löwenhof. Seit den lotusförmigen ägyptischen Säulenkapitel-len hat es nie Säulen gegeben, die auf elegantere Art geschmückt waren, wenn man unter Eleganz die Kombination von größter Einfachheit mit größter Formvielfalt versteht" (Oleg Grabar).

*Die **Schäfte** wurden mit den entsprechenden Kapitellen und Basen mit Blei verbunden. Mit diesen Fugen wurden die Beschädigungen infolge von Spannungen und Temperaturunterschieden vermieden.*

*Das **Alhambragelände** hat die Weite der Wüste, wo sich selbst die Privatsphäre unter dem Dach des Sternenhimmels abspielte. Der Löwenhof ist kein Haus mit Garten, vielmehr ein Garten mit Haus, das man von den Ecken her aus Bodennähe betrachten sollte. Deshalb entspricht das Foto links am besten der Perspektive seiner Erbauer.*

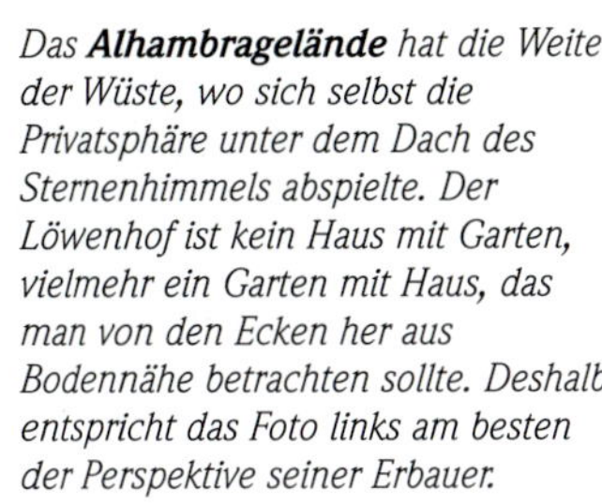

Die Fachleute haben bis zum Überdruß diskutiert, wie der Hof allen Geschmäckern nachkommen könnte

Eine Inschrift im Saal der zwei Schwestern fragt:

„Habt Ihr jemals einen so wunderbaren Garten gesehen?"

"Nie zuvor sahen wir einen blühenderen Garten mit süßeren Früchten und Düften…"; heute aber bedecken seine Blumen nicht die Erde und klettern nicht empor, um mit den Marmorsäulen zu verschmelzen und wir sehen nichts als ein großartiges Skelett, eine Hülle, einen Rahmen, dem die Vegetation einen Sinn gab und Leben spendete.

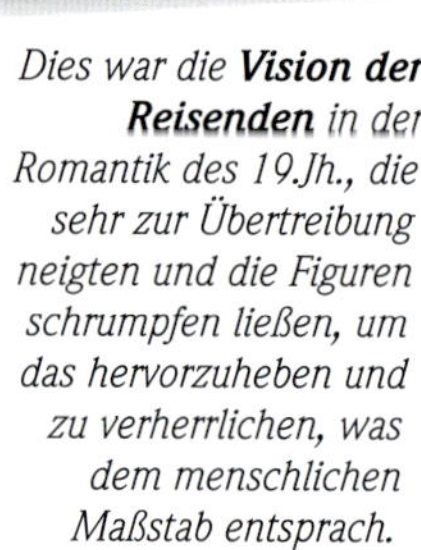

*Dies war die **Vision der Reisenden** in der Romantik des 19.Jh., die sehr zur Übertreibung neigten und die Figuren schrumpfen ließen, um das hervorzuheben und zu verherrlichen, was dem menschlichen Maßstab entsprach.*

Werke von Schriftstellern wie Washington Irving weckten das Interesse für die Anlage und hatten erste Restaurierungsarbeiten zur Folge. Zu Beginn wollte man der ursprünglichen Anlage mit Hilfe von Dekorationen zu neuem Leben verhelfen.

So schuf Rafael Contreras 1858 die Kuppel des östlichen Pavillons (siehe unten) und die glasierten Dachziegel, die an persische Vorbilder erinnern.

Im Jahre 1934 wurde die Kuppel im Zuge einer weniger interventionistischen Instandhaltung von Leopoldo Torres Balbás entfernt, indem auf das hypothetische „Originalbauwerk" verzichtet und dort Halt gemacht wurde, wo keine Informationen zur Verfügung standen, oder aber solche Eingriffe vorgenommen wurden, die deutlich vom Ursprünglichen trennbar waren und die darauf abzielten, beschädigte Bereiche wieder aufzuwerten (so z.B. beim Partal)
Links eine Fotografie aus dem Jahre 1860.

Zur Annäherung an das ursprüngliche Aussehen des Hofes muß man in die ***Welt der Symbolik*** *seiner Erbauer eintauchen. So ist zu bemerken, daß der Säulenwald von verschiedenen Blickwinkeln aus an den Palmenhain einer Oase erinnert, wie es D. Francisco Prieto Moreno in dieser Zeichnung darstellte. Auf dem schattigen Untergrund fließen Bäche und er ist immer von einer dichten Pflanzendecke bewachsen. Auf dem Foto unten von Ciganovic (1966) ist eine der zahlreichen „Umbauarbeiten" oder Versuchsstadien zu sehen, denen der Hof im vergangenen Jahrhundert unterzogen wurde.*

Nach islamischer Tradition ist der hortus conclusus *ein von Mauern umgebener Garten, ein Abbild des* ***Paradieses,*** *dessen Name Al-yanna aus dem Koran stammt und zwei Bedeutungen hat: "Garten" und "verborgener Ort". Die heute von Sand bedeckten Flächen zwischen den vier Wasserläufen muß man sich als Gärten voller blühender Sträucher und aromatischer Kräuter vorstellen. Die Wasserläufe verweisen auf die vier paradiesischen Flüsse, die auf die vier Hauptpunkte zufließen, oder von dort aus zum Zentrum fließen (Prof. Manzano).*

Aus dem Vergleich mit anderen bekannten Höfen läßt sich schließen, daß das ***Niveau des Bodens*** *möglicherweise unter dem der Wege lag, so dass die heranwachsenden Pflanzen einen bunten Teppich bildeten. Der Teppich ist eine orientalische Erfindung und es handelt sich dabei um nichts anderes als um einen Garten, den man ins Haus holt.*

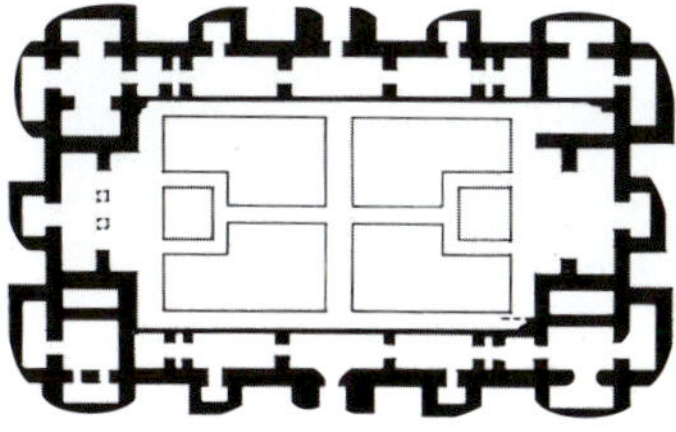

Grundriß des in Murcia gelegenen Palastes von Monteagudo aus dem 12.Jh., der laut verschiedener Autoren womöglich der Vorgänger des Löwenhofes war.

Seit langer Zeit ist die Ähnlichkeit zwischen dem Löwenhof und den Benediktinerklöstern des Mittelalters bekannt (auf dem Foto das Kloster von Seo de Urgell). Es ist ebenfalls bekannt, daß Mohammed V, Erbauer des Hofes, von dem es in Schriftstücken aus Fez heißt, daß er von Kalk und Gips „bestreut" persönlich die Bauarbeiten leitete, von seinem Vetter für zwei Jahre abgesetzt wurde. Während dieser Zeit lebte er eine Zeit lang mit seinem Freund und Beschützer, dem kastilischen König D. Pedro I dem Grausamen zusammen, der ihm auf den Thron zurück half. Den Hof erbaute er bei seiner Rückkehr (1362). Dies war eine Zeit der Toleranz und des kulturellen Austausches zwischen Mauren und Christen. Der kastilische Adel beauftragte die granadinischen Baumeister, die dem Mudéjar-Stil zu Ruhm verhalfen, mit der Dekoration von Türmen und Kassettendecken, während die Lilienblüte von D. Pedro die schönste Kuppel der Alhambra im Saal der Zwei Schwestern krönt. Es gibt zwar Vorgänger dieses Modells in Murcia (Monteagudo), aber die Besonderheit des Hofes ist, daß er eine Synthese schafft, die alte Traditionen in einem einzigen Werk verschmelzen läßt, dessen Gelingen den höchsten Ausdruck einer ganzen Kultur widerspiegelt.

Erst vor wenigen Jahren wurde der letzte Garten durch den ***heutigen Boden*** *ersetzt, da es notwendig war, die zerbrechlichen Strukturen in der Umgebung vor Wurzeln und Feuchtigkeit zu bewahren. Es wurden vier Betonbehälter mit Abflußlöchern angelegt und sogar die vier Orangenbäume sind heute in Blumentöpfe eingepflanzt.*

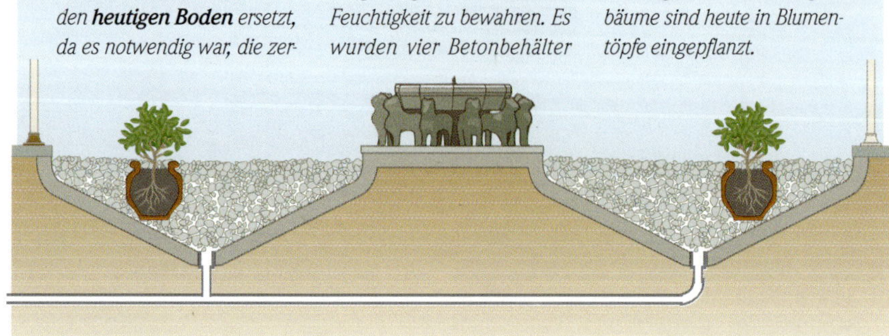

Die **beiden Pavillons** auf der West- und Ostseite des Hofes sind jeweils mit einem Brunnen ausgestattet. Auch diese gehören zur Vorstellung des Paradiesgartens, da in der Beschreibung des Paradieses im Koran hohe Baldachine (rafraf) oder Zelte auftauchen. „Diese über feine Säulen gespannten „Sonnendächer" haben ihren Ursprung im Orient, in der persischen Kunst, an die so viele Details in diesem Bereich der Alhambra erinnern.

*Die **Kugelgewölbe** an den Decken wurden aus flachen Holzteilen hergestellt und weisen heute noch Überbleibsel ihrer früheren Polychromie auf.*

Der Löwenbrunnen in der Mitte des Hofes ergibt eine frische Umgebung. Zwölf Löwen aus weißem Marmor lassen das Wasser aus ihren Mäulern fließen. In dem durchbrochenen Marmorzylinder aus dem heute das Wasser emporspringt befinden sich 16 Löcher in zwei übereinanderliegenden Reihen. Die kleinen Löcher in der oberen Reihe ließen das Wasser hineinfließen und die größeren weiter unten angebrachten Löcher dienten zur Entleerung. Die meistverbreitete Meinung ist jedoch, daß diese Löwen um die Wende vom 10. zum 11. Jahrhundert hergestellt wurden.

Auf den Stichen aus dem 19. Jh. ist ein ***zweites Brunnenbecken*** *auf dem Löwenbrunnen zu erkennen. Dieses Becken ist heute in die Wehrgangsgärten der Alcazaba verlagert worden (siehe rechts). Links eine Zeichnung von Nicolás Chapuy, 1844.*

Auf dem ursprünglichen Brunnen befindet sich ein uraltes Symbol, das auf vielen Umwegen aus dem vorchristlichen Orient bis in die Alhambra gelangte: der Löwe, aus dessen Rachen das Wasser sprudelt, ist nichts anderes als die Sonne, aus der das Leben sprießt. Die zwölf Löwen repräsentieren die zwölf Sonnenzeichen des ***Tierkreises****, die zwölf Monate, die in der Ewigkeit gleichzeitig existieren. Sie tragen das Meer wie die zwölf eisernen Stiere im Tempel Salomons und dieses Meer ist das Gefäß der himmlischen Wasser.*
Es ist kaum möglich festzustellen, bis zu welchem Punkt die Erbauer der Brunnen auf der Alhambra sich dieses Symbolismus noch bewußt waren.(Prof. Manzano)

Am Rande des Brunnenbeckens ist eine wunderschöne qasida *von Ibn Zamrak zu lesen, die zudem viele Einzelheiten über den Hof und den Brunnen selbst verrät.*

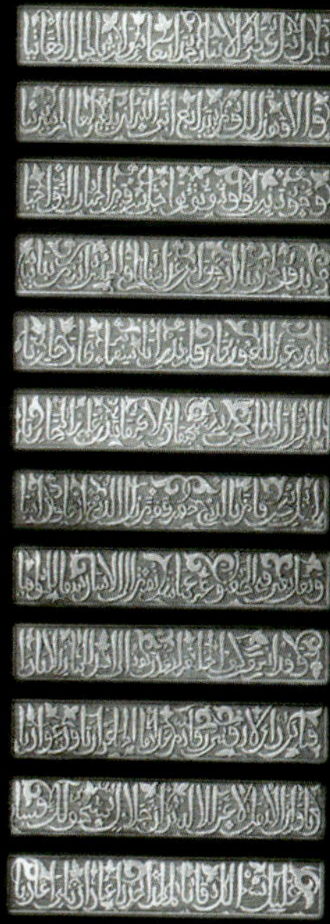

"Gesegnet sei, der dem Glauben Mohammeds mit wunderbarem Schmuck verzierte Bauwerke schenkt. Birgt dieser Garten etwa nicht ein Werk, von dem Gott wollte, daß ihm nichts an Schönheit gleichkommen sollte? Geformt aus Perlen von flackerndem Glanz schmückt er sein Fundament mit Perlen, die er im Überfluß hat. Flüssiges Silber rieselt zwischen seinen Juwelen, ohne Gleichen ist deren weiße, strahlende Schönheit. Flüssiges (Silber) und Unbewegliches (Juwelen, Perlen) vermischen sich im Auge, so dass der Betrachter nie weiß, was nun fließt. Sieh doch, wie das Wasser über die Ränder hinausläuft, um sofort von den Wasserrinnen verschluckt zu werden! Gleich einem Liebenden, dessen Augen voller Tränen sind und der sie zurückhält aus Angst, bemerkt zu werden. Ist er nicht tatsächlich eine Wolke, die von oben her ihre Gunst über die Löwen ausgießt? Auf gleiche Weise schüttet die Hand des Kalifen vom Morgengrauen an ihre Gaben über die Löwen des Krieges aus..."

Der Löwenbrunnen ist das beste Beispiel für einen der wichtigsten Entwicklungsbeiträge der Nasriden: die Vervollkommnung der Wasserwirtschaft. Die Nasriden wußten um die von periodischen Überschwemmungen abhängigen Bewässerungssysteme. Das granadinische Kanalsystem, das auf dem natürlichen Lauf des Wassers beruht, stellte eine wahre Revolution auf gesellschaftlichem und landwirtschaftlichem Gebiet dar und fand die Bewunderung aller Reisenden, die das Königreich besuchten. Genau wie die übrigen Bereiche der Alhambra bezogen die Paläste das Wasser aus dem königlichen Aquädukt, das sich am höchsten Punkt der Medina in einem Wasserbecken staute, dessen erhöhte Lage ihm den nötigen Druck verlieh.
Es wird sogar spekuliert, daß die königlichen Paläste aus dem Grund nicht auf dem höchsten Punkt des Alhambrabergs - in dem als Secano bekannten Gebiet- gebaut wurden, weil man über genügend Druck für die Brunnen und Wasserläufe verfügen wollte, die so wesentliche Bestandteile der nasridischen Architektur waren.

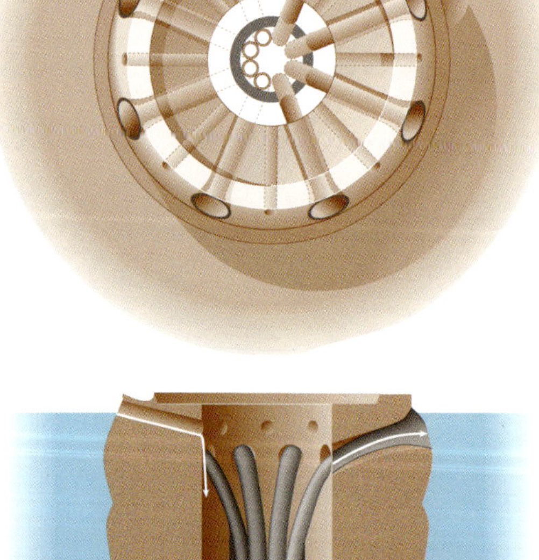

Rechts eine Zeichnung des Brunnens und des Brunnenaufsatzes aus der Vogelperspektive. Aufgrund des Gefälles hatte das Wasser einen hohen natürlichen Druck. Auf dem Weg nach oben durch die breiten Rohre verlor es an Druck, um so unter der sichtbaren Platte hindurch still in das Brunnenbecken einzutreten. Es gibt einen Ablauf, der das Wasser zu den Löwenmäulern hinleitet und in unmittelbarer Nähe über den Zuläufen befinden sich die kleinsten Abläufe oder Überläufe, die so angelegt waren, daß der Wasserspiegel immer gleichbleibend war und das Druck- Flüssigkeitsgefälle erstaunlich gleichmäßig war. Der Wasserspiegel war vollkommen glatt, um sich dann auf dem Weg durch die Löwenmäuler in „Perlen von flackerndem Glanz" aufzulösen. Die hydraulische Anlage ist abgebaut worden und der obere Teil kann derzeit im Vorführungsraum der Alhambra bewundert werden (siehe links).

Das Licht in der Alhambra

Es ist weithin bekannt, daß die Ausrichtung der Paläste alle Ecken oder Säulen in Zeiger einer Sonnenuhr, eines Gnomons verwandelt (siehe Zeichnung rechts). Dies wurde durch eine sorgfältige Nord-Süd-Ausrichtung aller Räume erreicht, wobei nötigenfalls Gräben und Unebenheiten aufgeschüttet wurden, um diese Ausrichtung auf ein Zehntel Grad genau einzuhalten.

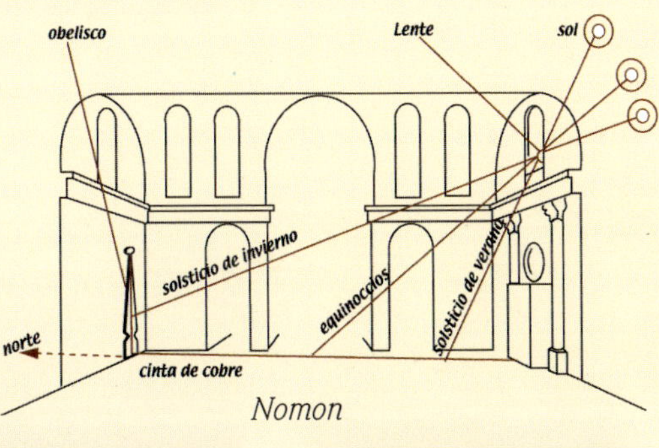

Nomon

Es ist auch kein Zufall, daß die Räume dank der großen Vordächer und Obersimse im Winter mehr Sonneneinstrahlung erhalten als im Sommer. Besonders bevorzugt in diesem Sinne sind die unter dem Einfluß des Solanowindes stehenden „Eckenalkoven" in den Höfen, die von den winterlichen Sonnenstrahlen gewärmt werden, aber windgeschützt sind. In den heißen Monaten ist das natürlich genau umgekehrt: die Sonne steht so hoch, daß ihre Strahlen kaum den Marmor streifen, so dass die Böden und Wände sich nicht mehr erhitzen als unvermeidbar. Die Bereiche, die im Winter am meisten Sonneneinstrahlung erhalten, liegen nun im Halbdunkel und von den Südalkoven geht eine erleichternde **natürliche** Frische aus, von der die modernen Klimaanlagen nur träumen können.

Oben: Saal der Zwei Schwestern. Der Lichtzeiger durchschreitet den höchsten Stand der Sonne, der aufgrund seiner Lage auf dem 14 Breitengrad westlich von Greenwich in Granada im Sommer um 14h14 zuzüglich Zeitausgleich erreicht ist.

Am Mittag. Kurze steile Schatten in der Nordgalerie des Myrthenhofes zum Zeitpunkt der Sommertagundnachtgleiche.

Oben: Sonnenuhr (Cartuja)

 Abencerragensaal

Geschichte und Legende vermischen sich häufig in Granada, so dass schlecht festzustellen ist, wo die eine beginnt und die andere aufhört. Der Name „Abencerrajes" stammt von einer Familie, die politisch sehr einflußreich war in Granada. Die oppositionelle adlige Gruppe der Zenetes zettelte eine Verschwörung gegen die Abencerrajes an, in der die Sultanin in eine Liebesaffäre gezogen wurde, um die Eifersucht des Sultans zu erwecken. Dieser verordnete dann den Tod von 36 Kavalieren der Familie Abencerrajes, die anläßlich einer Feier in diesem Saal umgebracht wurden.

***Mariano Fortuny** stellt auf diesem Bild von 1871 das Blutbad dar, ein Thema, das von der Ikonographie der Orientalisten in der Romantik effektvoll ausgeschöpft wurde. Ein Teil dessen, was viele Besucher der Alhambra sahen oder zu sehen glaubten, ist auf solche Vorstellungen zurückzuführen.*

Die rötlichen Eisenoxidflecken im Brunnen sollen laut dem Volke das Blut der ermordeten Kavaliere sein .

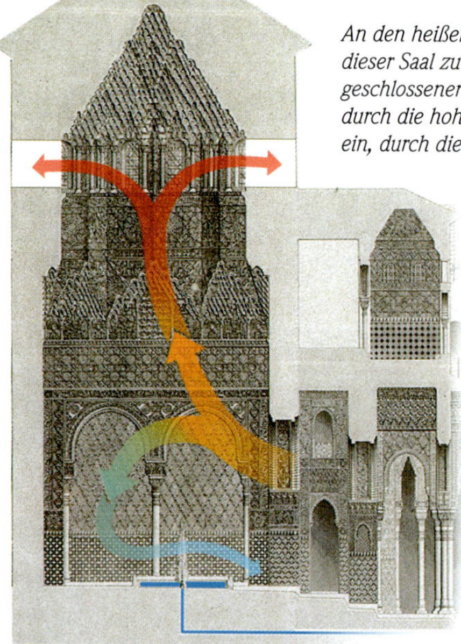

*An den heißen Sommertagen Granadas wird dieser Saal zum idealen Zufluchtsort: Bei geschlossenen Türen fällt das Licht lediglich durch die hohen Fenster in der Sternenkuppel ein, durch die die heiße Luft wie durch einen **Kaminabzug** entweicht; das Wasser stammt aus einer unterirdischen Leitung, so dass es immer kühl ist und die Umgebungs-temperatur spürbar absenkt. Die Tatsache, daß keine niedrigen Fenster vorhanden sind und die große Breite der Mauern machen den Saal zu einer Höhle mit Alkoven, die zur Erholung gedacht waren und wo selbst in den trockensten Monaten die Temperatur nicht über 22 Grad anstieg.*

*Die **Alkoven** waren mit Lagerstätten ausgestattet und der stufenförmige Absatz verrät, daß dieser Ort als Wohnraum genutzt wurde. Die Alkoven hatten meist nur drei Wände und waren zu den Höfen hin offen, von denen sie durch Vorhänge abgetrennt waren.*

Vorstellung des Romantikers Chapuy auf einer Zeichnung von 1840.

*Die **Kacheltäfelung** befindet sich heute im Alcazar von Sevilla (oben). Die heutigen Fliesen (rechts) wurden im 16. Jahrhundert angebracht.*

*Wenn das Wasser ruhig ist, **spiegelt** sich darin die wunderbare Decke (folgende Doppelseite). Als die Bewohner des Raumes hinter dem Brunnen auf dem Boden saßen, konnten sie die verschiedenen Bogen sehen, in den gegenüberliegenden Saal der Zwei Schwestern hineinschauen, und von dem Lindaraja-Aussichtsturm aus die Altstadt und den Himmel genießen.*

Am Ausgang des Abencerragensaals befinden sich zwei Korridore: Der linke führt in die Vorhalle, zum ursprünglichen Eingang im Zeitalter der Nasriden. Der rechte führt zu einer Treppe in den ersten Stock, wo sicherlich die Frauen des Hauses mit ihren kleineren Kindern wohnten.

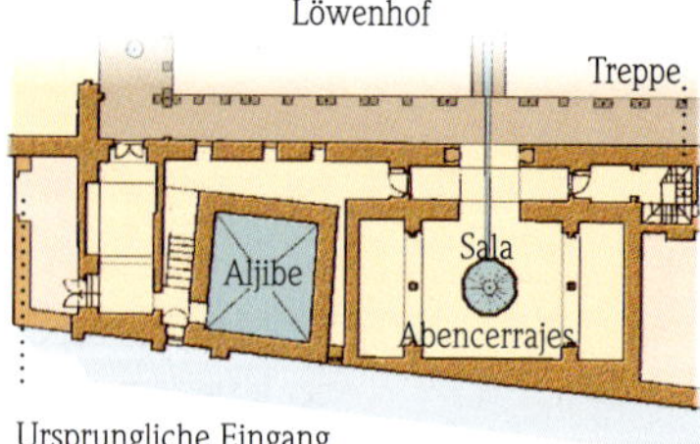

 Haremshof

Der Mittelpunkt dieses Bereichs war der Yannanhof oder Haremshof, der auf eine Zisterne gebaut ist, die das Comaresbad mit Wasser versorgte. Sein schlechter Zustand führt dazu, daß er heute nur eingeschränkt besichtigt werden kann. Es sind noch Teile von bemalten Sockeln und schwarzen Marmorkapitellen erhalten, die einzigartig in der Alhambra sind. Durch die Jalousien, von wo aus sie den Hof überblicken konnten, dirigierten die Frauen durch ihre verborgene Präsenz das tägliche Leben im Palast.

Gebrauchsgegenstände des täglichen Lebens

Es ist offensichtlich, daß diese Räume nicht dazu gedacht waren, mit Möbeln ausgestattet zu werden. Das Mobiliar in der Wüstenkultur besteht aus Läufern und Kissen, Wandteppichen, Kommoden, Schlafstätten, aus Matten etc. und niedrigen Tischchen. Alles konnte problemlos umgeräumt werden, so dass ein Raum je nach Bedarf in Speisesaal oder Wohnzimmer verwandelt werden konnte. Von all dem ist sehr wenig erhalten geblieben. Was erhalten geblieben ist, sind alle möglichen beweglichen Objekte, wie Gegenstände aus Keramik, Eisen, Stein, Holz, Elfenbein und Knochen, Schmuckstücke, etc. Gekocht wurde selbstverständlich außerhalb des Palastes.

Die Stellung der Frau

Die islamische Kultur vertritt die Gleichstellung von Mann und Frau auf moralischem und religiösem Gebiet, aber die Vorzugsstellung des Mannes im öffentlichen Leben und in der Politik. Der Mann hat die Frau zu beschützen und für sie zu sorgen, wobei sie sich hauptsächlich den inneren Aufgaben zu widmen hat: Haushalt und Kindererziehung, während der Mann im äußeren Bereich dominiert: in den weltpolitischen Angelegenheiten.
Der Anthropologe Pierre Guichard weist darauf hin, daß die Wohnräume selbst viel über die Familienstruktur aussagen: Nach innen auf einen Hof zu ausgerichtet von dem die Zimmer abgehen, einschließlich eines Raumes, der als Aufenthaltsraum für den Herren des Hauses und Empfangsraum für Gäste gedacht ist, sowie *algorfas* oder obere Räume für die Frauen. Die Trennung der Geschlechter ist mehr zeitlich als räumlich zu verstehen: Bei Abwesenheit des Hausherren verfügt die Frau über das Haus und übt um den Hof herum die Tätigkeiten aus, die den reibungslosen Ablauf des Haushaltes gewährleisten. Kommen Fremde zu Besuch, wird die Frau den unzüchtigen Blicken entzogen. Je nach der gesellschaftlichen Stellung gibt es Unterschiede: Eine Angestellte darf den Raum mit den Gästen teilen und diese bedienen, während die Ehefrau oder Tochter im Verborgenen bleibt. Die Ursache dafür ist in der Tatsache zu suchen, daß die Nachkommenschaft in dieser Gemeinschaft immer der männlichen Linie folgt, wodurch die Frauen einen Austauschwert darstellten, den es zu schützen galt. Dazu kommt die starke Abhängigkeit des Einzelnen von der Gemeinschaft und die daraus resultierende Angst vor der Schande oder einer Zurückweisung durch die Gesellschaft. Daher wurde großer Wert auf die Privatsphäre gelegt: Mauern, abgewinkelte Zugangstüren, niedrige Decken in den Gebäuden...Im Haus konnte die Frau Besuch empfangen von anderen weiblichen Familienmitgliedern und Gästen von auswärts, wie Verkäuferinnen, Heilerinnen, Lehrerinnen, usw., die sie über die Ereignisse in der Außenwelt auf dem Laufenden hielten. Sie hatte auch Zugang zu einigen öffentlichen Bereichen: Zu dem für die Frauen reservierten Bereich innerhalb der Moschee, des Marktes und der Bäder, die sich um eine bestimmte Uhrzeit in reine Frauenbäder verwandelten.

Die Liebesdienerinnen (yariya) waren ein Sonderfall innerhalb der Adelshäuser und Paläste. Als Frauen, die verschiedene Künste beherrschten, erschienen sie als Lautenspielerinnen vor dem Hausherren und seinen Gästen, schenkten den Wein ein oder trugen Poesie vor, während die Gemahlin in ihren Gemächern verweilte. Manchmal waren diese Sklavinnen-Konkubinen Christinnen, die den Söhnen das nötige Spanisch beibrachten und wurden manchmal zu zweiten oder dritten Gemahlinnen gemacht. Es gibt zahlreiche Berichte - zwischen Geschichte und Legende- denen zufolge sie aufgrund ihres starken Einflusses auf den Gemahl in das Staatsgeschehen eingegriffen haben sollen.

Steinernes Kohlenbecken

Drei verschiedene Arten von Krügen, Beispiele einer unendlichen Vielfalt der nasridischen Keramik.

Küchengerät

Saal der Könige

Er befindet sich auf der Ostseite des Löwenhofes und weist fünf Einteilungen auf. Das Licht kommt durch drei Portale von dem Hof in drei von diesen Räumen hinein, aber die anderen zwei bleiben im Dunkeln. Unterhalb der kleinen mit Stalaktiten dekorierten Gewölben sind zwanzig Fenster mit Gipsjalousien angebracht. Zu beiden Seiten befinden sich Alkoven, deren Bögen zur Achse des Raumes ausgerichtet sind. Wird der Saal vom südlichen Alkoven aus be-trachtet, so entfaltet sich zwischen den großen Spitzbögen ein faszinierendes Spiel von Licht und Schatten.

*Die **Zentralloge** wurde durch ihre privilegierte Lage ohne Zweifel dem Sultan und seinen Angehörigen zugewiesen. Wenn man von hier aus hinausschaute, erschien der Hof wie eine Oase, mit dem Palmenhain und dem Löwenbrunnen in der Mitte.*

In jeder Alkoven-Loge befinden sich an der Decke auf Lammfell angebrachte Malereien, die an das dahinter liegende Holz mit Leim und Bambusnägeln befestigt waren. Sehr vieles wurde bis heute über den Ursprung und die Bedeutung dieser Malereien geschrieben. Nachdem das Werk des französischen Arabisten Massignon veröffentlicht wurde, sind die meisten Kunsthistoriker mit ihm einig, daß die Gemälde den Moslems zugeschrieben werden könnten, auch wenn sie große Einflüsse von den Abendländern aufweisen. Es wird allgemein angenommen, daß diese Malereien um die Wende vom 14. zum 15. Jahrhundert entstanden sein sollen.

Diese Art der Befestigung (Leim und Bambusnägeln) hatte folgenden Zweck: Damit wurde das Verrosten der Eisennägel verhindert, und außerdem konnten sich diese nicht aus dem Holz lösen, wenn die Baumaterialien sich infolge der Sommerhitze ausdehnten.

Die Darstellungen an der Decke dieser kleinen Kammer zeigen die ersten zehn Könige der Nasridendynastie. Der vergoldete Hintergrund, die Hände, die Gesichtskonturen und die Sterne, die das Bild in zwei teilen, erinnern an die alten byzantinischen Tafeln.

Die Malereien in den anderen Alkoven zeigen ein ähnliches Thema. Ein christlicher und ein muselmanischer Kavalier führen mehrere Heldentaten durch, wahrscheinlich um die Liebe einer christlichen Dame zu gewinnen. In der südlich gelegenen Kammer fällt der Moslem unter der Lanze seines christlichen Gegners, während die Dame mit anflehendem Blick die Szene von einem Turm aus betrachtet. Diese letzten Malereien weisen mit ihren zahlreichen Bilderdarstellungen eine große Ähnlichkeit mit dem frühen toskanischen Stil auf.

 Der Saal der zwei Schwestern

Heute ist bekannt, daß dies der älteste Saal des Löwenhofes ist. Seine ursprüngliche Bezeichnung ist wie bei den anderen Räumen unbekannt. Der heutige Name (der zwei Schwestern) stammt von den beiden großen Marmorplatten aus Macael (Almería), die sich in diesem Raum auf dem Boden befinden.

Tritt man vom Löwenhof aus in diesen Saal ein, so sieht man, genau wie im Abencerragensaal, einen engen Gang auf der rechten und der linken Seite. Der rechte Gang ist der Aufgang zu einer Treppe, die in die **oberen Gemächer** führt, während der linke der Eingang zu einem **Abort** ist. *(siehe rechts)*

Die Muslime verwendeten Toiletten mit Wasserspülung lange bevor diese im übrigen Europa bekannt waren. Das eigentliche Klo bestand aus einer Kachel mit einer langgezogenen Öffnung, es gab aber zusätzlich ein Waschbecken und eine Entlüftung.

*Zu beiden Seiten öffnen sich **große Bögen:** Der Zugang vom Hof aus, einer im Osten und einer im Westen, bei denen es sich um Alkoven handelt und der nach Norden ausgerichtete Bogen, der Durchgang vom Saal der Zwei Schwestern zum Ajimeces-Saal, der sich vor dem Lindaraja-Aussichtspunkt befindet. Oberhalb von diesen Bögen befinden sich vier weitere, die den oberen Gemächer als Fenster dienen.*

Die **Kacheltäfelung** an der unteren Wand ist eine der schönsten und eigenartigsten der Alhambra und weist kleine Familienwappen mit metallenem Glanz auf. An den vier Wänden entlang verläuft oberhalb dieser Mosaike eine schöne Kasside von Ibn Zamrak.

Sie beginnt auf der linken Seite, wenn man zum Löwenbrunnen hinausschaut, und bezieht sich auf die Schönheit des Saals, gleich einem Garten, und auf die wunderbare Kuppel mit Stalaktiten.

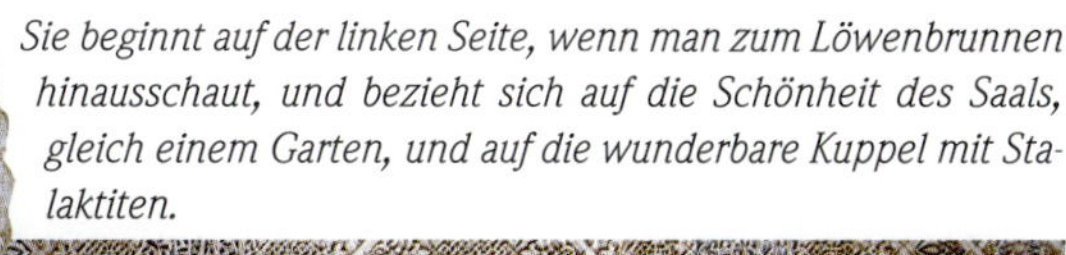

„Ich bin der Garten, der die Schönheit schmückt; Du lernst von mir, betrachtest Du die Pracht.". Ich übertreffe dank der Großzügigkeit meines Herren Mohammed das Edelste, was je war oder sein wird. Erhabenes Werk, das Schicksal will, daß Du jedem Monument überlegen bist. Welch Erquickung finden hier die Augen! Die Seele wird an diesem Ort wunderbare Träume finden. Fünf Plejaden werden sie begleiten und sie wird erwachen im zarten Hauch der Morgenbrise. Eine glänzende Kuppel ohne Gleichen, von ersichtlichen und verborgenen Schönheiten. Die Zwillinge strecken ihr ergeben die Hand zu und der Mond nähert sich um mit ihr zu plaudern.
Und die leuchtenden Sterne wollten sich darin einbetten anstatt am Firmament zu kreisen und in beiden Höfen ergeben harren, ihr als Sklaven um die Wette zu dienen. Ist es nicht wunderbar, daß die Sterne abschweifen und die Grenzen überschreiten, um meinem Herren hingebungsvoll zu dienen, denn wer dem Ruhmreichen dient, der erntet Ruhm.
Der Säulengang ist so schön, daß der Palast mit dem himmlischen Firmament wetteifert.
Unzählige Bögen erheben sich aus den Gewölben auf lichtverzierten Säulen,
wie himmlische Sphären, die über dem strahlenden Pfeiler der Morgensonne kreisen.
Die Säulen sind so schön, daß ihr Ruhm von Mund zu Mund getragen wird:
Der Marmor wirft sein helles Licht auf die von Schatten schwarz getünchten Ecken;
glanzvoll spiegelt er sich und trotz seiner Größe gleicht er Perlen.
Nie wart eine stattlichere Festung gesehen, ein klarerer Horizont, eine größere Weite.
Nie wart ein blühenderer Garten mit süßeren, duftenderen Früchten gesehen.
Der Richter über die Schönheit zahlt doppeltes Tribut, mit zweierlei Münzen,
denn der sanfte Wind des Morgengrauens ist voller Silbermünzen aus Licht
und der Abend schmückt den Garten mit güldenen Thalern
und füllt die Äste in der Umgebung mit Gold."

Die Mocárabes-Kuppel *(siehe Doppelseite zuvor) ist ein Wunder, das aus 5416 Teilen zusammengesetzt ist.*

Der quadratische Grundriß (8x8 m) verwandelt sich in ein Achteck mittels der mit Stalaktiten dekorierten Trompen, auf denen die achteckige Decke ruht. Zwei Fenster öffnen sich auf jeder Seite des Achtecks.

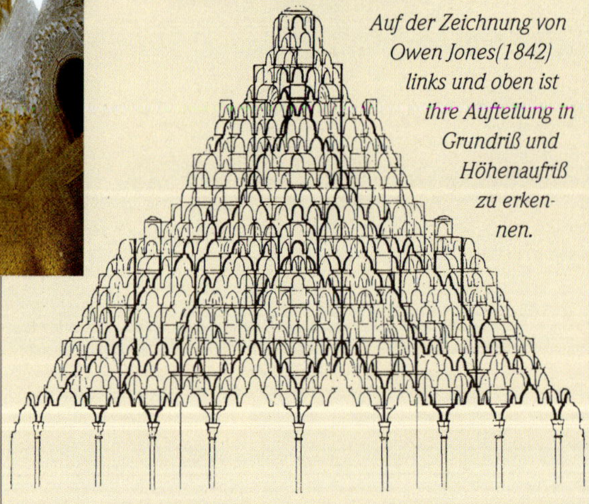

Auf der Zeichnung von Owen Jones(1842) links und oben ist ihre Aufteilung in Grundriß und Höhenaufriß zu erkennen.

Bis 1590 warfen diese Öffnungen das Licht durch bunte Glasscheiben hindurch auf die *mocárabes* in der Decke. Diese *mocárabes* und diese Art von Beleuchtung erzielten den Effekt von Bewegung, die der Decke durch das Licht verliehen wurde, das in jedem Augenblick seinen Einfallswinkel änderte. Es gibt am Tag keine zwei Sekunden, in denen die Kuppel gleich aussieht und die ewige Veränderung innerhalb des Gefüges wird zur Metapher des sich um den Nordpol drehenden Sternenhimmels.

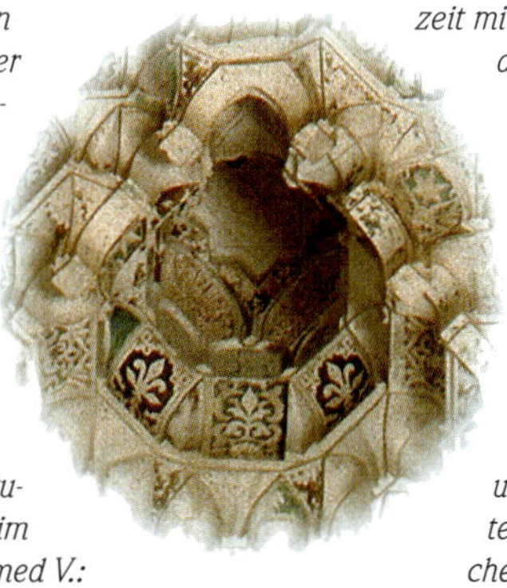

Die Beziehungen zwischen Christen und Muslimen waren nicht immer angespannt. Manchmal verbündeten sie sich, um in Bürgerkriegen gemeinsam gegen Dritte vorzugehen. Ein Detail bezeugt den bedeutenden kulturellen Austausch im Zeitalter Mohammed V.: Die bourbonische Wappenlilie, die Peter I. nach seiner Hochzeit mit Dña. Blanca de Bourbón in sein Wappen aufnahm und die hier als Huldigung oder Freundschaftssymbol auftaucht. Diese Freundschaft sollte dem kastilischen König viele Probleme bereiten.

Die Mocarabes

Der islamische Tradition zur Folge wurde dem Propheten Mohammed der Koran direkt vom Erzengel Gabriel in der berühmten Höhle von Hira eingegeben, in der er auf der Flucht vor seinen Feinden Zuflucht suchte. Ein Spinnengewebe verschloß auf wundersame Art den Höhleneingang, um die Verfolger abzulenken. Seither ist die Höhle ein wichtiger Pilgerort, der von allen Moslems auf ihrer obligatorischen Mekkareise (30 km von dort) besucht wird. Das Andenken an diese Begebenheit verwandelte die Stalaktiten in ein unentbehrliches Dekorationsmotiv, voll von religiöser Bedeutung für die gesamte islamische Welt bis hin zum heutigen Tage

Höhlen von Nerja

Im Nisapur (Iran) des 10.Jhs. und im Qal'a de Beni Hammad (Nordafrika) des 11. Jhs. tauchen Vorläufer der mocárabes *auf. Von diesem Jahrhundert an findet ihre Verwendung weite Ausbreitung im gesamten Bereich des Islams, wodurch prunkvolle architektonische Entwicklungen in Städten wie Isphahan erreicht wurden (rechts die Moschee Macsura dieser Stadt).*

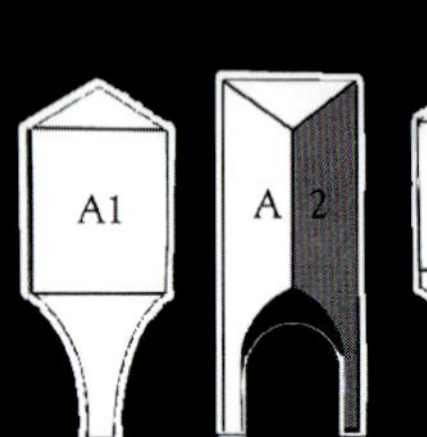

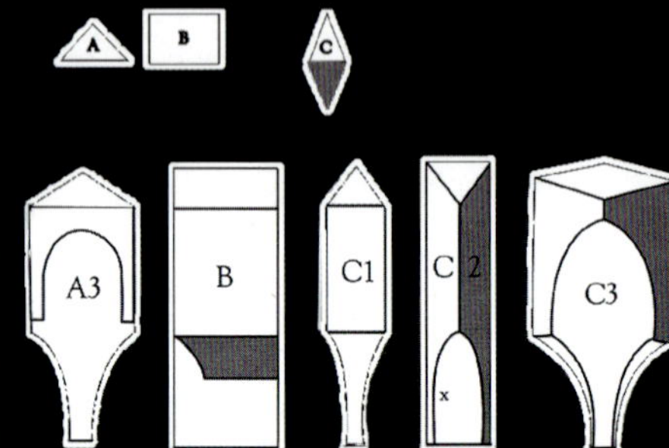

Die mocárabes *sind im Grunde Strukturen aus Gips, die aus Prismen oder Dreiecken bestehen, welche unendliche Kombinationsmöglichkeiten aufweisen.*

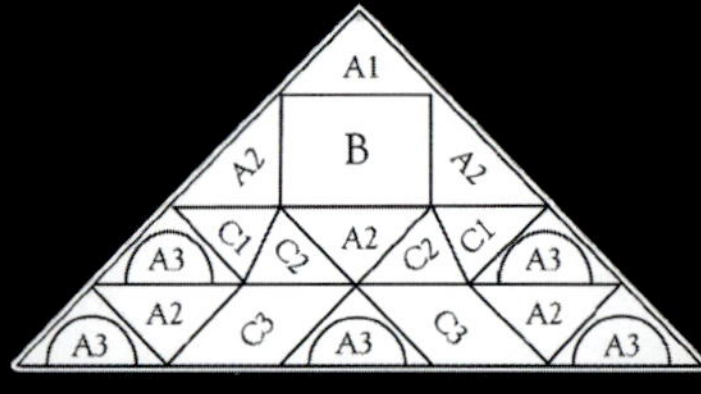

Links: Aufgliederung einer Trompe im Saal der Zwei Schwestern von Owen und Gury. Obwohl sie keine tragende Funktion haben, verwendeten die muslimischen Baumeister die mocárabes *verschwenderisch, um den Übergang von den Ecken zur Kuppel optisch zu lösen, was in der westlichen Architektur mit Hilfe des Hängezwickels erreicht wurde.*

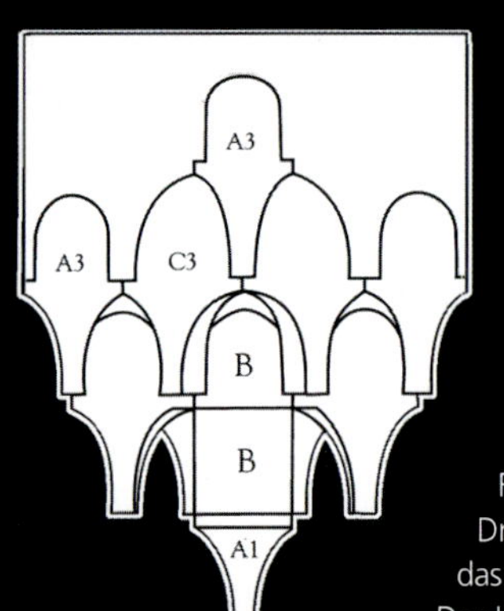

Aus kosmologischer Sicht betrachtet, stellt die Rundkuppel den Himmel mit seiner ständigen Drehbewegung dar, während die darunterliegenden Mauern das von Kontrasten beherrschte weltliche Leben symbolisieren. Der Himmel besteht aus Äther. Die muquarna Zellen, die den Übergang zwischen der ungeteilten Kuppel und dem Mauerkubus bilden, verdichten in gewisser Weise den flüssigen Äther des Himmels zu festen weltlichen Formen. Durch die Betonung und Verlängerung der Kanten dort, wo die einzelnen Nischen der muquarnas zusammentreffen, wird jene Form erzielt, die an Stalaktiten erinnert. Zudem können die einzelnen Nischen oder Zellen auf verschiedenste Art zu konkaven und konvexen Formen zusammengesetzt werden. Die granadinischen Künstler haben ganze Kuppeln in muquarna Nischen aufgelöst, Wabenarbeiten, deren Honig der Himmel selbst ist... Ein ähnlicher Effekt wird mit den in die Vorderwände der Säle eingearbeiteten Netzen oder Gittern erzielt....Die Mauer erscheint so durchsichtig, als bestünde sie aus lichtdurchfluteten Zellen (Titus Burckhardt).

Die Decken im Saal der Könige zeigen die unerschöpfliche Formvielfalt der mocárabes. *Tatsächlich scheint sich sogar ein und dasselbe Element im Laufe des Tages je nach Lichteinfall zu verändern und wird so zu einem Hauptbestandteil der Architektur selbst.*

"...Mit dem Lichteinfall strahlen und glänzen alle Materialien, ihre Beleuchtung ist schwingend. Da jede Farbmasse (der Dekoration) minimal ist, ergibt sich ein chromatischer Effekt von pointillistischer Splitterung, schwerelos und absolut körperlos, reine Lichtschwingung, ein schwindender Mantel, in ständigem Fluß von Formen und Farben. Das Licht, das in verschiedenen Winkeln auf die Flächen auftrifft, schafft Kontrastebenen und Strukturen, die eine formale Beweglichkeit erreichen. Die künstlerische sowie auch die tatsächliche Realität scheint sich von Augenblick zu Augenblick neu zu gestalten, dank einer Unzahl winziger Teilchen." (Prof. Borrás)

Decke der nordöstlichen Ecke des Löwenhofes. Es sind noch Überreste von der Polychromie zu sehen.

Lindaraja-Aussichtspunkt

„Alle Künste haben mich mit ihrer besonderen Schönheit gekrönt und mir Glanz und Perfektion gegeben. Möge der Betrachter durch mich die Schönheit der Gemahlin erblicken, die sich über den Krug neigt, um seine Gunst zu erfragen. Wenn der Betrachter meine Schönheit aufmerksam beschaut, täuscht er seine Augen durch den Schein. Schaut er nämlich auf meinen wunderbaren Grund, so denkt er, der Vollmond wäre hier zu Hause und hätte seine Gemächer gegen die meinen eingetauscht. Ich bin nicht allein, denn von hier aus betrachte ich einen stattlichen Garten, den das Auge nie zuvor gesehen...Es ist dies der Glaspalast, doch hat so mancher ihn für ein stürmisches, wogendes Meer gehalten.

Die frische Luft verstreut hier ihren Atem, die Atmosphäre ist bekömmlich und der sanfte Wind ist wohltuend. Es ist mir gelungen, alle Pracht so zu vereinen, daß die Sterne am Firmament das Licht aus ihr beziehen. Sicherlich bin ich in diesem Garten ein Auge voller Freude und die Pupille dieses Auges ist mein Herr."

Übersetzung eines über dem Aussichtspunkt stehenden Gedichtes.

Wahrscheinlich stammt dieser Name von den arabischen Wörtern ain-dar-Aixa (die Augen des Hauses der Aixa). Als der Löwenhof und der Myrtenhof fertig gebaut wurden, wurde der Saal der Zwei Schwestern zum Gemach für die Sultanin (dar-al Malika) und die königliche Familie. Die Fenster des Aussichtsturmes haben noch dieselbe Höhe wie früher.

Blick auf den heutigen Garten.

*Die Krönung dieses Aussichtspunktes sind die in einen feinen Holzrahmen eingelassenen **bunten Glasscheiben** (siehe unten), die polychromiertes Licht in diesem kleinen Bereich vergießen, der einst Thronsaal gewesen sein mochte.*

*Die **Kacheltäfelung** am Sockel entlang besteht aus winzigen bunten Mosaiken. Die schwarzen Inschriften auf weißem Hintergrund an den oberen Türpfosten des Eingangsbogens beziehen sich auf Mohammed V. und weisen die charakteristischen Schlingen der arabischen Schriftzüge auf. Manche Spezialisten halten diese Mosaike für die allerschönsten in der Alhambra.*

*Das Zentrum dieses äußerst feinen Glanzstücks besteht aus nur **drei schwarzen Teilen,** die in die dafür vorgesehenen millimetergenauen Aussparungen in dem weißen Untergrund eingelassen werden.*

Beide Höfe entstanden im Jahre 1526 im Zuge der Umbauarbeiten in der Al-hambra für die Hochzeitsreise Kaiser Karls V. Die neuen Gemächer, die mit wunderschönen Kassettendecken ausgestattet waren, wurden kaum benutzt, da ein typisches granadinisches Erdbeben die Kaiserin erschreckte, worauf sie es vorzog, im Hieronymus-Kloster zu leben. Im Jahre 1828 schrieb Wa-shington Irving in diesen Ge-mächern eines der ersten Werke der amerikanischen Literatur: **Die Erzählun-gen von der Alhambra.**

Patio de la Reja. Oben ist das Gitter zu sehen, das diesem Hof seinen Namen verleiht. Links eine offene Galerie aus dem Zeitalter der Christen mit Blick auf das Albaycín.

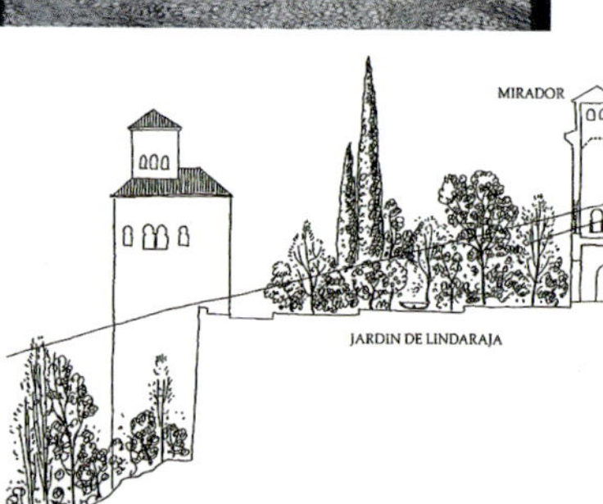

Auf dieser Zeichnung von D. Francisco Prieto Moreno ist zu erkennen, wie vor dem Hinzufügen von Gebäuden durch die Christen der Panoramablick bis in die innersten Haremsräume „eindrang".

Lindarajahof. Der wunderschöne Brunnen, eine Kopie des Originals, war einst das zentrale Stück des Mexuarhofes.

Baño

BÄDER

Laborde, 1812

Das Bad des Comarespalastes erfüllte einen ganz konkreten Zweck, die im direkten Zusammenhang mit Politik und Diplomatie stand. Die Lage seiner Tür - es ist die erste von links an der Ostwand des Myrthenhofes, nahe dem Botschaftersaal - verrät seine Funktion: Ein angenehmer Aufenthaltsort, wo Staatsangelegenheiten in einem freundschaftlichen Ambiente geregelt wurden. Von daher wurde es nicht täglich in Betrieb genommen, sondern nur dann, wenn es galt, die Freundschaft und Gunst von Diplomaten und Politikern anderer Reiche für sich zu gewinnen.

Galerie der Musiker

Nach Durchschreiten des Eingangs trifft man auf die sogenannte „Galerie der Musiker", die man heute vom Gang zwischen den Gemächern Karls V. und dem Ausgang des Saals der Zwei Schwestern aus sehen kann. Nach dem Volksglauben befanden sich hier die Musiker - Blinde, die das Bad musikalisch untermalten, ohne dabei lüsterne Blicke auf die erotischen Szenen unten im Bad zu werfen. Es muß aber dazu gesagt werden, daß das Bad einen religiösen Hintergrund - die Reinigung - hatte und die gleichzeitige Anwesenheit verschiedener Geschlechter nicht erlaubt war.

Räume des Badewärters

Eine Vertrauensperson von größter Treue überwachte von hier aus mit Diskretion durch eine Jalousie hindurch die Gebärden der Begleiter des Herren. Nötigenfalls konnte der benachbarte Wachpos-ten zu Hilfe gerufen werden.

Umkleideraum oder Ruheraum

Dies war der Raum, in dem sich die Badenden entkleideten und in den sie nach dem Bad zurückkehrten, um zu Ruhen und die politischen oder diplomatischen Probleme auf freundschaftlichem Wege zu lösen, die vorher offiziell im Botschaftersaal behandelt und zu Protokoll genommen wurden.

Das Kaltwasserbad

Eine Art Vorhalle, die vermutlich als Massageraum und zur Akklimatisierung beim Ein- und Austreten aus dem Bad diente. Es steht ein kleines Becken für Waschungen zur Verfügung (siehe rechts). Die religiöse Bedeutung des Bades sah dieses Ritual vor, obwohl es nicht immer notwendig war. Die maurische Keramik an der Beckenwand zeigt die abstrakte Spiegelung des Wassers.

Der lauwarme Übergangsraum

Das Wasser floß in dem kleinen Wasserlauf in der Mitte, während unterirdische Rohre die Wärme, die aus dem Ofen kam, zu den in der Wand eingelassenen Schächten transportierten. Durch die Berührung mit dem von unten erwärmten Marmor erzeugt das Wasser eine große Menge Dampf, der die Haut geschmeidig macht und die Poren öffnet, wodurch diese von Giftstoffen gereinigt und auf das Bad vorbereitet wird. Auf den Holzpodesten liegend oder sitzend wurden die Besucher des Bades von den Bediensteten abgerieben, die bis dahin im Raum der Wasserspeicher verweilten. Diese Bediensteten hatten eine soziale Bedeutung und Funktion, die nur vom „copero" übertroffen wurde, eine Art Ephebe, der die Getränke servierte. Wer diese Räume durchschreiten mußte, tat dies in Sandalen mit breiten Holzsohlen (siehe rechts).

In dem Gedicht, das die Badenische einrahmt, ist zu lesen, daß das „Königliche Bad" zwei Wasserzuläufe hatte, einen für warmes und einen für kaltes Wasser. Zwei Löwenköpfe aus Massivgold bildeten die Wasserhähne. Das Bad wurde umgebaut, um vom Kaiser Karl V. als Badewanne benutzt zu werden.

Kessel

Zum Erhitzen des Wassers. Einem Plan von Murphy aus dem Jahre 1812 zufolge gab es drei Kessel, die im 18. Jh. verkauft wurden.

Ofen

Der aus Ziegeln bestehende holzbeheizte Ofen ist über Rohrleitungen mit dem Warmwasserbad und dem lauwarmen Übergangsraum verbunden.

Das Warmwasserbad

Der Untergrund besteht aus einem Netz von zahlreichen kleinen Rohrleitungen, die die Hitze beinahe direkt vom Holzofen bezogen, so dass man sich vorstellen kann, daß dies ein besonders heißer Raum war.

Das Wasserreservoir liegt direkt neben dem Ofen, so dass dieses aus dem Kessel kommende Wasser eine höhere Temperatur hatte als das übrige. Dieses Wasser wurde auf den Boden geschüttet, um Dampf zu erzeugen.

In den Kuppeln der Säle mit den Säulen und Wasserreservoirs befinden sich Oberlichter, die von außen geöffnet und geschlossen werden konnten (zu diesem Zweck gibt es eine Treppe oberhalb der Kuppeln). So konnte die Temperatur in beiden Sälen geregelt werden. Die Klappen dieser Oberlichter waren scheinbar aus rotem Glas. Zusammen mit dem ockerfarbenen Anstrich, der noch an den Innenwänden zu sehen ist, warfen sie ein intensives Licht in den Raum, das das Wärmeempfinden steigerte.

Die robuste Bauweise dieser Säle, die extrem hitze- und feuchtigkeitsbeständig waren, steht im krassen Gegensatz zu Zierlichkeit des Umkleideraums, der vollkommen aus Gips und Holz besteht.

Der Umkleideraum

Er wurde zwischen 1848 und 1866 von D. Rafael Contreras wiederaufgebaut. Der Wiederaufbau war umstritten, aber der Raum befand sich in einem bedauerlichen Zustand. Er erhielt diejenigen Elemente, die sich in einem besseren Zustand befanden: die Säulen, den Brunnen und die Keramik aus dem 16. Jh., wobei er die Initialen "PV" (Plus Vltra) wegließ und statt dessen eine Reihe qualitativ minderwertiger Dekorationen in schwarzweißem Muster anbrachte.

Contreras machte zwei große Fehler: Er tauschte die ursprüngliche Ockerfarbe der Polychromie gegen Karminrot aus, das in Europa vor der Eroberung Amerikas unbekannt war, und er brachte die Inschriften, die er wohl größtenteils von den noch vorhandenen Relikten übernahm, willkürlich an, wobei er die Strophen vollkommen auseinanderriß, da er der arabischen Sprache nicht mächtig war. Es ist heute unmöglich, zu ermitteln, ob es sich um die Originalinschriften handelt, wodurch nicht festzustellen ist, ob die Bäder von Ismail, Jussuf I oder Mohammed V erbaut wurden.

Die Araber erbten die charakteristische Einteilung in *Frigidarium* (Kaltwasserbad), *Tepidarium* (lauwarmer Übergangsraum) und *Caldarium* (Warmwasserbad) von den Römern und paßten sie an ihre Eigentümlichkeiten und stilistischen Vorstellungen an.

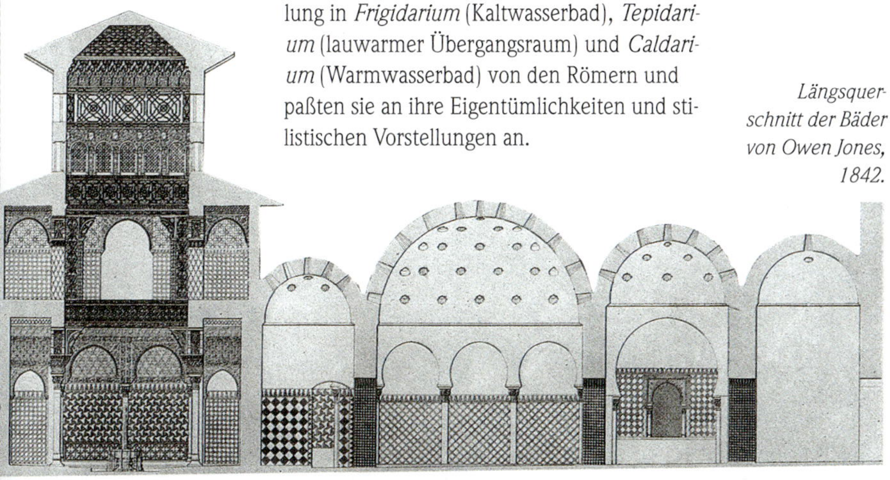

Längsquerschnitt der Bäder von Owen Jones, 1842.

*Das **Holz** für den Badeofen wurde aus dem Wald über das Callejón de Leñeros (Holzhändlergasse) herbeigeschafft, die vom Waldausgang bis zum Zugang zum Ofen in der heutigen Westgalerie des Lindarajahofes führte. Der benachbarte Sala de los Secretos (Raum der Geheimnisse) war vermutlich einfach ein Holzlagerraum.*

Als Adelsstadt mit zwischen 1500 und 2000 Bewohnern verfügte die Alhambra über zehn Bäder für die Herren und ihre Familien, die Soldaten und Kunsthandwerker, die im Dienste der Krone verschiedene Handwerke ausübten. Mindestens zwei oder drei dieser Bäder waren der Öffentlichkeit zugänglich.

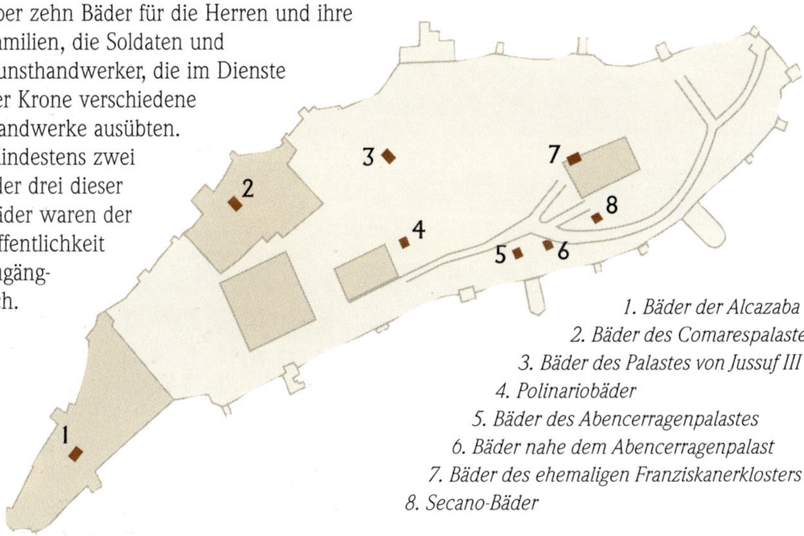

1. Bäder der Alcazaba
2. Bäder des Comarespalastes
3. Bäder des Palastes von Jussuf III
4. Polinariobäder
5. Bäder des Abencerragenpalastes
6. Bäder nahe dem Abencerragenpalast
7. Bäder des ehemaligen Franziskanerklosters
8. Secano-Bäder

Abgesehen von den obligatorischen rituellen Waschungen spielt das Bad eine sehr wichtige Rolle im Leben eines Moslems: der Brauch sieht es vor, sich vor und nach dem Essen, nach Anfassen eines schmutzigen Gegenstandes, nach Ausdünstungen, vor dem Lesen des Korans, etc. zu waschen. Nach der Moschee fungiert das öffentliche Bad in der Geschichte des Islams als Zentrum des Gesellschaftslebens und beeinflußt den mittelalterlichen Städtebau genau wie die Plätze in westlichen Kulturkreisen oder die antike Agora.

Partal

Der offene Säulengang des Damenturms, der den kleinen Vorplatz mit Wasserbecken überragt, wird im arabischen Partal genannt. Der Begriff wurde erweitert, so daß man heute mit diesem Namen das Gebiet um den Löwenhof bezeichnet, das aus kleinen Terrassen, gestuften Balkons, die "hängende", an die Orographie des unebenen Geländes angepaßte Gärten bilden, besteht. Zum Partal gehören neben dem Damenturm die anliegenden Häuser, die kleine Moschee und verschiedene Ruinen von Gebäuden, Palästen, Straßen, Treppen und Zisternen. Es war ein gartenmäßig angelegtes Gelände mit prächtigen Häusern und herrlichen Palästen.

Damenturm

Der Damenturm (Torre de las Damas) *ist ein großer, bedachter Aussichtspunkt, von dem aus man das Stadtviertel Albayzin, die Gemüsegärten des Generalife und die Innengärten um das Wasserbecken, in dem er sich widerspiegelt, erblicken und übersehen kann.*

Drei arabische Häuser aus dem 14. Jh. (Regierungszeit von Yusuf I.) sind bis in unsere Tage erhalten geblieben. Eines von ihnen birgt interessante, jedoch sehr beschädigte Gemälde.

Gärten

Torres Balbás restaurierte und belebte diese Gärten auf eine so meisterhafte Weise, daß keine Kritiker bekannt sind.

Ausgang vom Partal zum Palast Karls. V. (Drehtür). Es ist eine Möglichkeit, die -falls Sie nicht direckt zum Generalife hinaufgehen- nach der Besichtigung der Nasriden-Paläste wahrgenommen werden kann, um sich Richtung Festung, Calle Real oder hinunter in die Stadt zu begeben.

Tor des falschen Friedhofs

Rundweg an der Stadtmauer

Die Hofstadt ist im Norden durch die Stadtmauer abgeschlossen, deren Verteidigungstürme hauptsächlich dazu dienten, die Medina von der restlichen Bevölkerung Granadas zu trennen. Der Wehrgang umsäumte das gesamte Gelände, wobei er unter Türmen und Palästen durchging, um dann hier als Rundweg, von dem aus die Mauer bewacht wird, zutage zu treten. Daneben verläuft ein weiterer, etwas tiefer gelegter und breiterer Weg, der für den Rund-ritt zu Pferde gedacht war.

Gärten

Heutzutage bilden die Gärten um die Türme herum einen herrlichen Spazierweg, der den Partal mit dem Generalife von der Nordseite her Richtung Osten verbindet.

Palast von Yusuf III.

ıst von Yusuf III. Es ist einer der sieben äste, die sich in dem Gelände befanden l von dem gerade einmal diese wenigen nen übrig sind, die nicht ausreichen, ı ursprüngliches Aussehen zu erahnen.

Torre de las Damas (Damenturm)

Zusammen mit dem Teich ist es das einzige Element, das von den Bauten von Mohammed III. (1302-1309) -die also vor den anderen Palästen errichtet wurden- in diesem Bereich erhalten ist.

Ölgemälde von D. Roberts (1838) Zeigt den als Wohngebäude genutzten Palast.

Er war im 19. Jh. sehr beschädigt und wurde von Torres Balbás mit viereckigen Säulen (rechts) restauriert. F. Prieto Moreno ersetzte sie durch die heutigen Säulen.

Aussicht vom Innenbereich des Aussichtspunktes auf den Albayzin.

Seine Struktur entspricht der Idee des abgeschirmten, jedoch allen Lüften gegenüber geöffneten Raums: Eine viel eher in Landschaften als in Mauern eingehüllte Intimität, wo das Beschaute genauso bedeutend ist wie der Ort, von dem aus es betrachtet wird. Die heutzutage nicht mehr vorhandenen Gitterläden bildeten Abschirmung und Schutz bis zur Ebene des Bodens, wo man sich niederließ.

Die morgenländische Sichtweise tendiert dazu, alles horizontal und nacheinander zu erblicken, während bei der abendländischen von einer Ecke aus in alle Richtungen geschaut und sie Gesamtheit betrachtet wird.

Die Turmspitze war mit einer der schönsten nasridischen Kassettendecken versehen. Sie wurde im 19. Jh. verkauft und befindet sich heute im Islamischen Museum von Berlin. Oben, die Kassettendecke des mit einem Säulengang versehenen Raums.

Gebetsraum des Partal

Aus seiner Ähnlichkeit mit den Bauwerken dieser Epoche ist zu schließen, daß er aus der Zeit von Yusuf I., also Anfang des 14. Jh., stammt. Es ist eine kleine Moschee mit Seitenfenstern, was allerdings eigentümlich erscheint, da die Landschaft vom Gebet ablenkt.

Der Gebetsraum, rechts auf dem Foto.

Oben, Innenraum. Unten, Fenster der Moschee.

Der größte Teil der Außendekoration ist verloren gegangen, aber im Innenbereich können noch die Feinheit der Linien und die Ornamente bewundert werden, von denen die Kassettendecke und die Zartheit des Mihrab mit gestelztem Hufeisenbogen hervorzuheben sind. Bis vor kurzem wies er einen Keramiksockel auf.

Die Gärten

Turm des falschen Friedhofs

So wird der Turm aus Ziegelsteinen genannt, der südlich am Löwenhof angebaut ist, da man dachte, es wäre der Friedhof (rauda) der Nasriden-Könige. Heute weiß man, daß sich die königlichen Gräber südlicher in den anliegenden Ruinen befanden. Man glaubte, daß der letzte nasridische Sultan die gesamten Reste verlegen ließ, aber 1999 traten einige menschliche Überreste zutage. Muley-Hassan, der Vater von Boabdil, wurde auf dem höchsten Berg der Sierra Nevada, el Mulhacen, begraben. Daher stammt der Name des Berges.

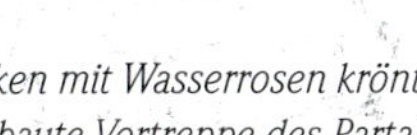

Dieses Becken mit Wasserrosen krönt die angebaute Vortreppe des Partal und stellt eine Wegkreuzung dar.

Die Blumentöpfe, die heute nicht mehr vorhanden sind, waren ein wichtiger Bestandteil des erneuerbaren und lebendigen Mobiliars der Anlage.

Palast von Yusuf III.

Dies war der Sitz der Statthalter der Alhambra bis 1718, Jahr in dem er geräumt und niedergerissen wurde. Er wurde von Yusuf III. noch zu Zeiten, als sich die nasridische Kultur auf ihrem Höhepunkt befand, errichtet (1408-1417), und nimmt das Schema des Zentralhofes mit Wasserbecken und seitlichen Pavillons wieder auf.

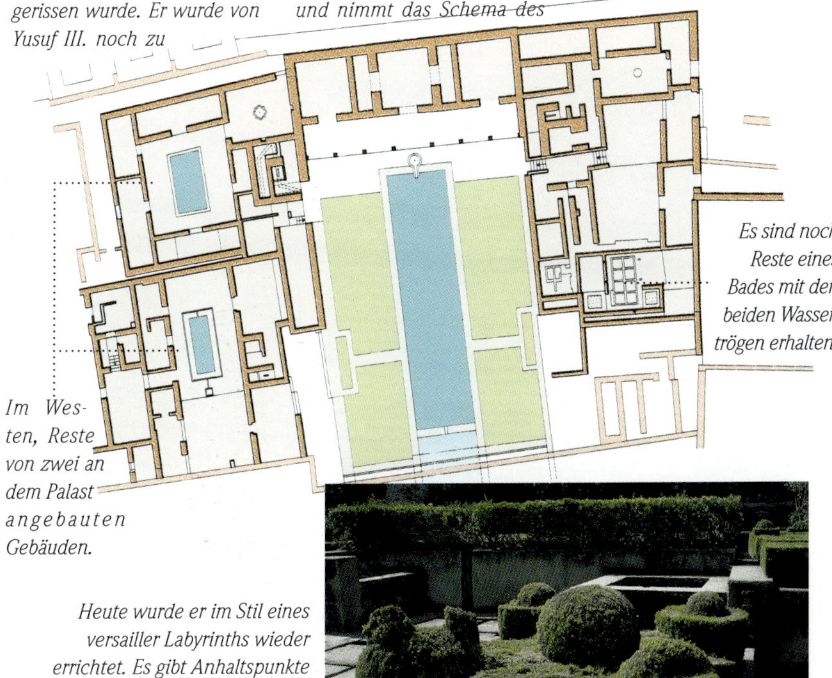

Es sind noch Reste eines Bades mit den beiden Wassertrögen erhalten.

Im Westen, Reste von zwei an dem Palast angebauten Gebäuden.

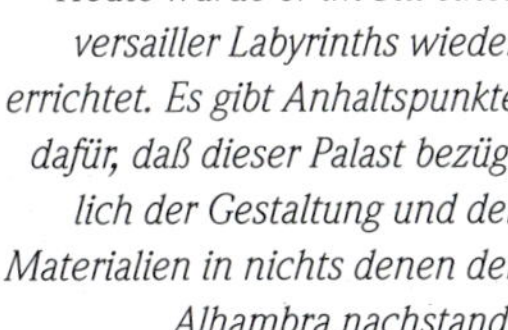

Heute wurde er im Stil eines versailler Labyrinths wieder errichtet. Es gibt Anhaltspunkte dafür, daß dieser Palast bezüglich der Gestaltung und der Materialien in nichts denen der Alhambra nachstand.

Rundweg an der Mauer

Der Partal ist durch einen Weg entlang der Mauerlinie der nördlichen Seite verlängert, bis zu der Stelle, wo man heute von der Alhambra aus den Generalife erreicht.

Entlang des Rundweges kommt man an dem Zinnenturm (rechts), dem Turm der Infantinnen und dem der Gefangenen (siehe nächsten Kapitel: Türme) vorbei. Im Hintergrund der Generalife und oberhalb die Burg von Santa Helena.

Ulmen, Pappeln und Zypressen streben danach, den Turm von der Kirche Santa Maria de la Alhambra zu überragen. Dieses Gotteshaus wurde von den Christen an der Stelle, an der sich einst die Moschee befand, errichtet.

Torres

TÜRME

G. Prangey, 1837

Von den 30 Türmen, die ehemals den Hügel Sabica umgaben, sind noch 22 erhalten. Die Außenmauern wurden vor den Palästen, Anfang des 13 Jh., zu Verteidigungszwecken errichtet. Der Meinung von Experten nach verloren sie im 14. Jh. jedoch ihre militärische Bedeutung. Sie wurden in kleine, bewohnbare Paläste umgewandelt und bildeten gleichzeitig eine Trennlinie zwischen zwei Welten: die Stadt und die Alhambra. Das Gelände um die Türme weist schöne Rundwege auf, von wo aus die Gemüsegärten des Generalifes, das Stadtviertel Albayzin und die Sierra Nevada erblickt werden können.

Torre de los Picos

(Zinnenturm). Er ist wegen seiner Zinnen, die wie „Picos" (Spitzen) aussehen und dem Turm den Namen „Torre de los Picos" verliehen haben, leicht zu erkennen. Stich von Laborde, 1812

Puerta del Arrabal

Nordeingang zum Gelände und für die Sultane gewöhnlicher Verbindungsweg mit dem Generalife

Torre de las Gallinas

(Turm der Hühner) Er befindet sich in der Nähe der Festung und ist mit der Nordmauer und dem Abhang, an dem sich die Paläste erheben, verbunden. Er überragt immer noch den kleinen Platz, der eine Wegkreuzung bildete und sicherlich ein bunter Markt war, von dem fast keine Ruinen erhalten sind

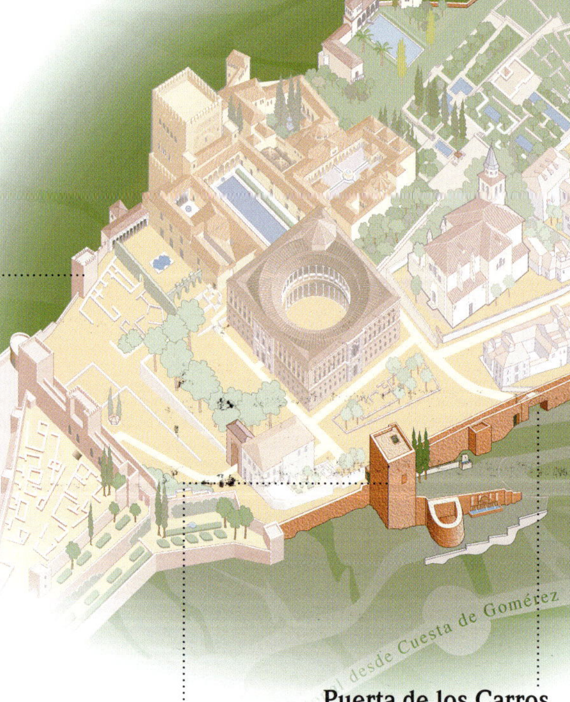

Puerta de la Justicia

(Gerechtigkeitstor). Es wurde 1348 von Yusuf I. errichtet und war stets einer der Haupteingänge zur Alhambra. Es ist ein Meisterwerk der Militärbauweise und bildet aufgrund seiner massiven Festigkeit und der strengen Größe einen Gegensatz zur Zerbrechlichkeit des Königshauses. (Liks: Laborde 1812)

Puerta de los Carros

(Karrentor)

Es handelt sich um ein schräges Tor, das in die ursprüngliche Mauer eingefügt wurde, um den Wägen, die im 16.Jh. die Materialien für den Bau des Palastes Karls V. transportierten, die Durchfahrt zu ermöglichen. Auch heute ist es für Fahrzeuge die Zufahrt auf das Gelände.

Torre del Cadí *(Turm des Richters)*

Torre de la Cautiva
(Turm der Gefangenen)
Dieser Turm und der der Infantinnen sind zwei kleine Paläste in Erscheinungsform einer Festung, die sich stattlich auf dem Wehrgang erheben.

Torre de las Infantas
(Turm der Prinzessinen)

Turm des Cabo de la Carrera

Torre del agua
(Wasserturm). Zusätzlich zur Verteidigung hatte dieser Turm die so bedeutende Aufgabe, den königlichen Wasserkanal, der die gesamte Medina mit Wasser versorgte, zu schützen. Die Araber bauten selten Aquädukte und nur aus strategischen Motiven, wie es hier der Fall war.

Turm von Juan de Arce

Turm von Baltasar de la Cruz

Torre y Puerta de Siete Suelos
(Turm und Tor der sieben Böden)
Dieser Turm litt am meisten, da die Truppen Napoleons ihn 1812 bei ihrem Rückzug sprengten. Glücklicherweise kannte man durch die vorher angefertigten Stiche seinen Aufbau gut und konnte ihm so seine ursprüngliche Gestalt wiedergeben. Die Überlieferung besagt, daß Boabdil durch ihn hinausging, als er endgültig die Alhambra verließ, und seither blieb er auf Wunsch des Sultans selbst immer verschlossen „semper clausa".

Torre del Capitan
Turm des Kapitän

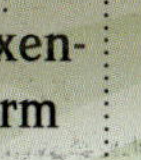

Hexenturm

Turm der Köpfe

Turm der Abencerrajes

Rundweg des Secano
Eine Allee von Zypressen verbindet den Platz gegenüber dem Parador mit dem Zugang zum Generalife und bietet einen Blick auf die Anlage der Türme an der Südseite.

Tor des Arrabal und Torre de los Picos

(Zinnenturm)

Diese Anlage hatte einen deutlichen Verteidigungscharakter. Ursprünglich existierten lediglich das Tor mit spitz zulaufendem Hufeisenbogen und der Zinnenturm. Im 15 Jh. wurde bereits das äußere Bollwerk mit einem Hof, an dem sich die Stallungen befanden, errichtet. Diese zweite Einfriedung schränkte den Zugang zum Tor ein, da so eine doppelte Krümmung, die durch den Turm gedeckt war, gebildet wurde.

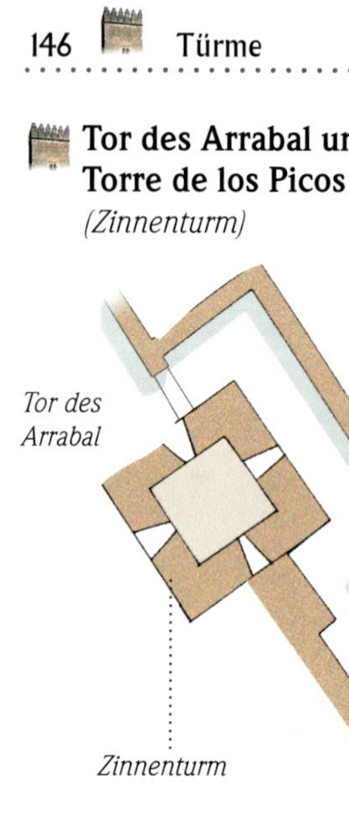

Eisentor

Wurde von den Katholischen Königen errichtet und trägt heute ihr Emblem

*Blick auf das **äußere Bollwerk** und den Zinnenturm von der Cuesta de los Chinos aus. (Steinweg)*

*Die **Vorsprünge** des Turmes waren in Wirklichkeit die Kragsteine, die als Träger für Schießscharten dienten, von denen aus mögliche Angriffsversuche auf das Tor abgewehrt wurden. Der christliche Einfluß ist an den leicht gotischen Fenstern zu erkennen.*

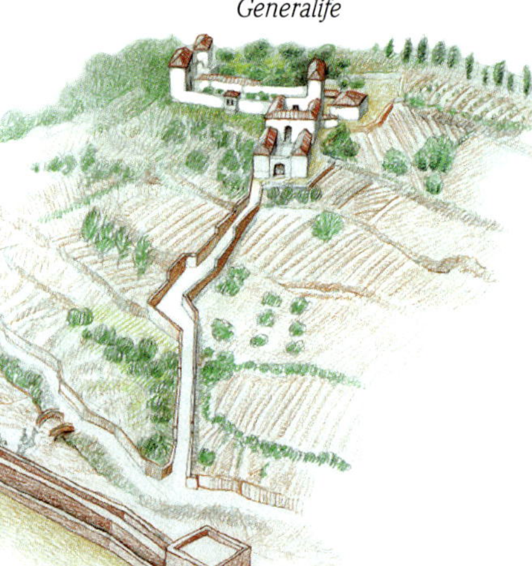

*Die Puerta del Arrabal führte zu Zeiten der Nasriden zu einem mit **Mauern umgebenen Weg**, auf dem man den Generalife erreichte. Heute kann der Weg von der Cuesta de los Chinos aus betrachtet werden.*

Torre de la Cautiva (*Turm der Gefangenen*)

Sein derzeitiger Name stammt aus dem 18. Jh. und wurde Legenden, die um ihn gesponnen wurden, entnommen. Der Turm wurde 1340 errichtet

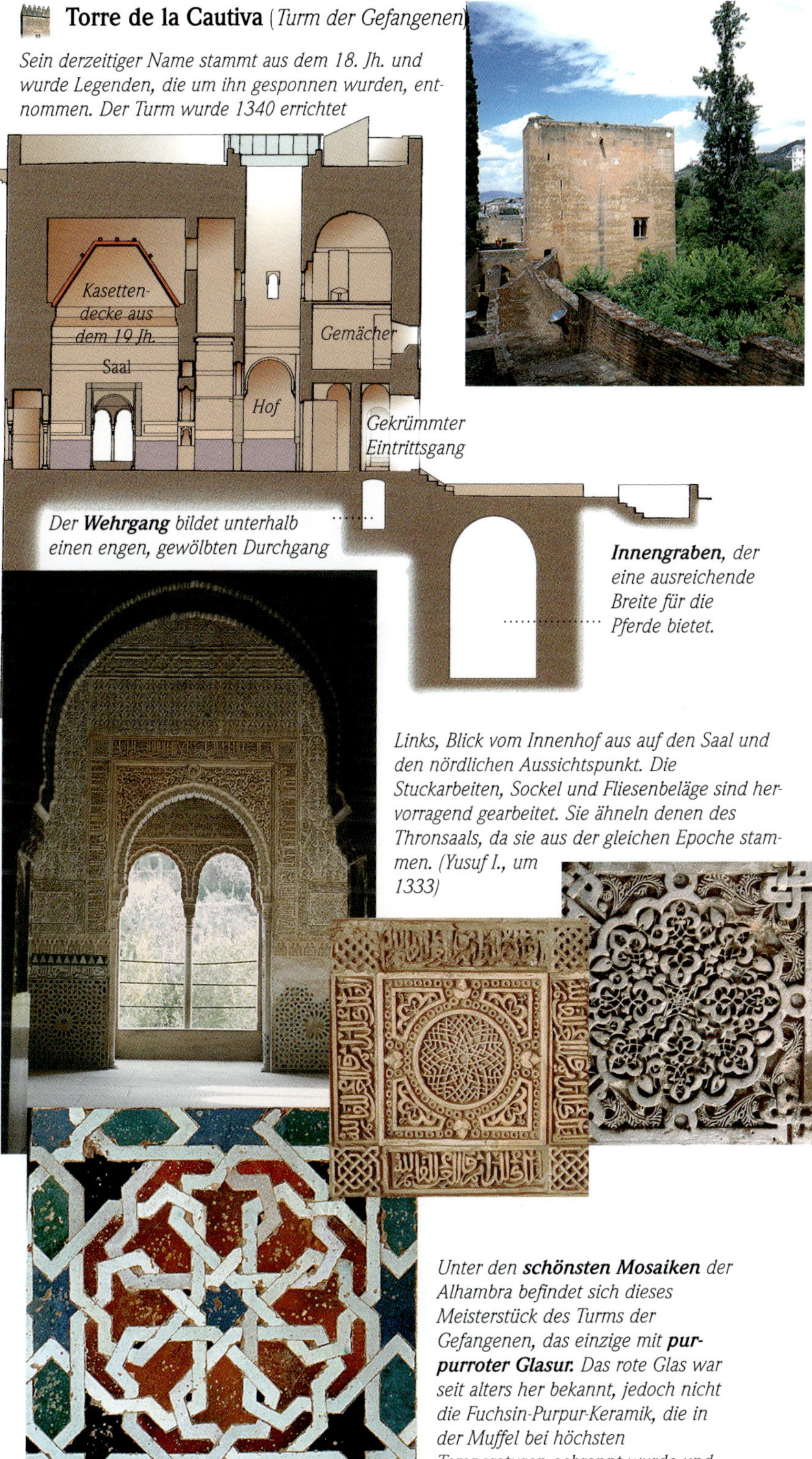

*Der **Wehrgang** bildet unterhalb einen engen, gewölbten Durchgang*

***Innengraben**, der eine ausreichende Breite für die Pferde bietet.*

Links, Blick vom Innenhof aus auf den Saal und den nördlichen Aussichtspunkt. Die Stuckarbeiten, Sockel und Fliesenbeläge sind hervorragend gearbeitet. Sie ähneln denen des Thronsaals, da sie aus der gleichen Epoche stammen. (Yusuf I., um 1333)

*Unter den **schönsten Mosaiken** der Alhambra befindet sich dieses Meisterstück des Turms der Gefangenen, das einzige mit **purpurroter Glasur.** Das rote Glas war seit alters her bekannt, jedoch nicht die Fuchsin-Purpur-Keramik, die in der Muffel bei höchsten Temperaturen gebrannt wurde und ins Braune bzw. Gelbe überging.*

Turm der Prinzessinen

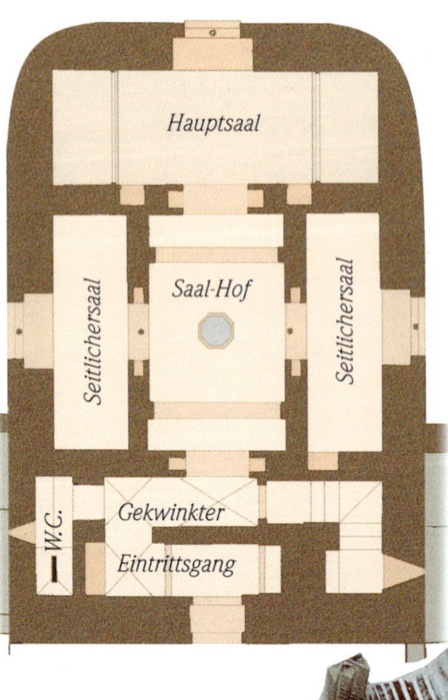

Er stammt aus einer späteren Epoche als der Turm der Gefangenen (Anfang des 15 Jh.) und seine Dekoration weist bereits einen gewissen Verfall der nasridischen Kunst auf, da bei den Gipsarbeiten und Mosaiken Originalität und Abwechslung fehlen.

Dennoch birgt der Eintrittsgang eine Überraschung: dieses Kreuzgewölbe mit großen „Mocárabes", die eher an die asiatischen oder ägyptischen Steppen erinnern, als an die Nasriden. Jedes Element besteht aus drei ineinander gefügten Polyedern.

Hinter der dreifachen Krümmung des Eingangs mündet er in einem kleinen viereckigen Raum, der mit einer achteckigen Laterne bedacht ist, die im 19. Jh. ein durch ein Erdbeben zerstörtes Gewölbe mit Holztäfelungen ersetzte. Der einzigartige Reiz dieses Raums machte ihn zum Lieblingsort der romantischen Bildmaler, wie J.F. Lewis, der ihn 1835 zeichnete (unten).

Generalife

Dies ist der einzige heute noch gut erhaltene Erholungsgarten auf dem Sonnenhügel. Der König Granadas verblieb hier längere Zeit und erholte sich von den Tätigkeiten des Hofes. Da die Alhambra in der Nähe lag, konnte er im Notfall seinen Aufenthaltsort verlassen und sofort die notwendigsten Geschäfte erledigen. Außerdem war diese Nähe des Palastes ein Symbol von Reichtum. Als man sich anderswohin nur zu Fuss oder su Pferd begab, war ein Sommerhaus unmittelbar in der Nähe des Hauptwohnsitzes ein Zeichen des guten Status des Besitzers.

Zypressenhof

Romantischer Aussichtspunkt

Wassertreppe

Untere bzw. neue Gärten

Sie wurden im Jahre 1931 auf den alten Gärten angelegt.

Nordpavillon

Patio de la Acequia

(Wasserbeckenhof)

Nach dem Brand 1958 konnte die Originalstruktur des Hofes, wahrer Kern des Landhauses und perfektes Beispiel des spanisch-moslemischen Gartens, erforscht und rekonstruiert werden.

Patio de Polo *(Ausspannhof)*

Gemüsegärten

Der Generalife war immer ein Gemüsegarten, der bedeutendste der vielen Landhäuser des Emir. Glücklicherweise blieben die angelegten Terrassen bis in die heutigen Tage ohne Kontinuitätsbruch erhalten.

Bis heute konnte noch nicht festgestellt werden, wo das Wort Generalife genau herstammt. Yannat al'-arif bedeutet "Hauptgarten" laut Ibn al Chatib. Für andere ist es "Garten des Architekten". Das Wort «alarife» kann sich auf verschiedene Tätigkeiten beziehen und könnte hier auch der Schöpfer heissen und zwar Gott der *alarife* des Universums.

Auditorium

Auf den Resten ehemaliger landwirtschaftlicher Nebengebäude wurde 1952 dieses Amphitheater errichtet, idealer Rahmen für den Tanz bei Festivals in Granada. Auf dieser Bühne tanzte seinerzeit, unter anderen großen Meistern, Margot Fontaine.

Zypressenallee

Die Zypresse - seit der Romantik der Friedhofsbaum schlechthin, da sie vertikale Hauptwurzeln hat, die nicht in die Gräber eindringen - wurde von den Mauren aus dem gleichen praktischen Grund geschätzt. Sie ist ein Nadelbaum, der die Feuchtigkeit in der Tiefe sucht, die Nähe anderer Bäume ihrer Art zuläßt und auf diese Weise immergrüne Pflanzenwände bildet.

Albercones

Große Sammelbrunnen

Zugang zur Alhambra.

Diese neue Brücke wurde vor kurzem errichtet, um den Zugang zur Medina und Hofstadt vom Generalife aus zu erleichtern. Früher existierte lediglich das angrenzende Aquädukt, das durch den Wasserturm geschützt wurde.

Eintritt

Untere Gärten

Außerhalb der Gebäude sind die gestuften Terrassen, wo sich die Bepflanzungen befinden. das einzige, was von den ursprünglichen Gärten erhalten ist. Diese Terrassenstufen reichten bis zur Hügelkuppe, so daß es von ganz oben so aussah, als wäre es eine einzige Fläche bis zum Fuß des Hügels mit der Farbvielfalt, die die bunt gemischten Blumen und Obstbäume jeder einzelnen Stufe verliehen.

Die Arbeiten an den heutigen Gärten begannen 1931 und wurden 1951 beendet. Die Gärten haben nichts mit denen des Mittelalters gemein, aber sie stellen eine würdige Aufwertung einer seinerzeit verkommenen Gegend dar.

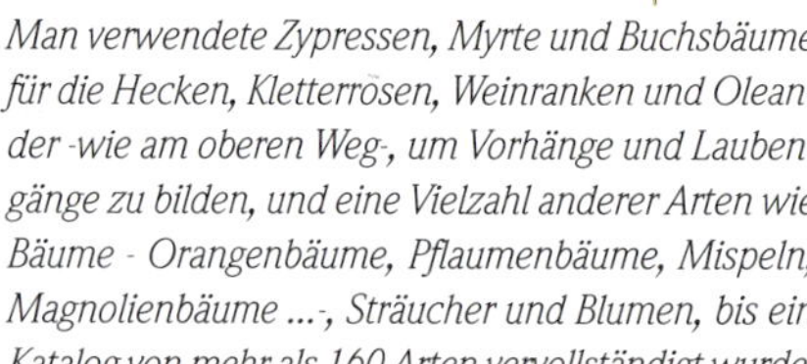

Man verwendete Zypressen, Myrte und Buchsbäume für die Hecken, Kletterrosen, Weinranken und Oleander -wie am oberen Weg-, um Vorhänge und Laubengänge zu bilden, und eine Vielzahl anderer Arten wie Bäume - Orangenbäume, Pflaumenbäume, Mispeln, Magnolienbäume ...-, Sträucher und Blumen, bis ein Katalog von mehr als 160 Arten vervollständigt wurde.

*Die **Wege** wurden mit der traditionellen granadinischen Steinpflasterung versehen, eine Art Mosaik aus kleinen Kieselsteinen, mit dem heute noch Gebäude und Plätze der Stadt ausgelegt werden.*

Die zentralen Wasserbecken (rechts) erinnern an die typische Kreuzanordnung vieler moslemischer Gärten.

Die Funktion des Generalife, die in diesen neuen Gärten wieder aufgenommen wurde, war auch die eines granadinischen „Carmen", ein Wohnsitz, in dem man im Oktober, der schönsten Jahreszeit dieser Stadt, zu wohnen pflegte. In dieser Jahreszeit ist die Temperatur gemäßigt, ohne der Hitze, die im Sommer zu schaffen macht und ohne der trocknen Kälte des Winters; in den Gärten blühen noch Blumen, es gibt keine starken Regenfälle und der Himmel ist die meisten Tage über blau.

Carmen

"Es ist allgemein anerkannt, daß "Carmen" Weinstock oder auch Weinlaube bedeutet, und daß dieser Begriff erweitert wurde und heute Landhäuser in der Stadt bezeichnet, die aus einem Haus-Raum und einem kleinen Gelände mit bebaubarem Grund bestehen, in dem Blumen und Gemüse sowie Obst- und Zierbäume abwechselnd gepflanzt werden. Durch die Lage an Abhängen, die Zugehörigkeit zu städtischen Gebieten und den reduzierten Lebensraum wird in ihnen eine Reihe von Eigenschaften festgelegt, deren Ergebnis ihre besondere Architektur ausmacht. Der landwirtschaftliche Charakter geht trotz der räumlichen Begrenzung nicht verloren, da der Anbau mit einer eher sinnlichen als auf den Nutzen ausgerichteten Absicht weitergeführt wird."

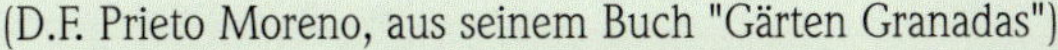

(D.F. Prieto Moreno, aus seinem Buch "Gärten Granadas")

Das Carmen entstand aus den traditionellen, andalusischen Häusern mit Innenhof, der im Albaycin zu einem Gemüse-Ziergarten wird. Nach der Wiedereroberung ging ein Teil in christliche Hände über, die ihre Architektur einführten, jedoch den halbnatürlichen Charakter der Gelände mit Vegetation beibehielten.

„Überall sieht man so viele Häuser von Mauren, die - obwohl viele von ihnen hinter den Bäumen der Gärten versteckt sind - zusammen noch einmal eine Stadt wie Granada bilden würden; es ist wahr, sie sind klein, aber sie alle haben Wasser und Rosen, Hagebuttensträuche und Myrte und sind äußerst anmutig..."

Pedro Mártir de Anglería. 16 Jh.

*Im **ganzen Albayzin** (oben) sind diese Cármenes mit bescheideneren Häusern vermischt und, der alten, geschlängelten Wegführung folgend, aneinander gelehnt. Rechts, typisches Haus und Carmen de los Chapiteles.*

Der spanisch-moslemische Garten

Ibn Luyun schilderte im 14. Jahrhundert die Bedingungen, die eine solche Anlage erfüllen sollte:
"Um ein Haus zwischen Gärten aufzustellen, soll ein kleiner Hügel ausgesucht werden, um die Überwachung zu erleichtern. Das Gebäude wird gegen Mittag ausgerichtet, am Eingang zum Grundbesitz, und am höchsten Punkt wird der Brunnen oder die Zisterne errichtet, oder noch besser ein im Schatten fliessender Bewässerungsgraben. In der Nähe werden Blumenbeete mit allen möglichen Pflanzen angelegt, damit das Grüne Freude macht, und etwas weiter entfernt verschiedene Blumensorten und andere Bäume mit perennierenden Blättern. Der Obstgarten wird von Weinstöcken umringt, und in der Mitte der Anlage sollen die in den Randbeeten angelegten Kletterreben den nötigen Schatten auf die Wege werfen.
Ein offener Hof soll für die Ruhestunden gebaut werden, umringt von Kletterrosen, Myrten und anderen Blumensorten, die einen Garten verschönern.
Die Wohnung soll zwei Türen haben, damit sie besser geschützt wird und der Bewohner mehr Ruhe hat».

Ibn Luyun.
Tratado de Agricultura y jardinería

Wie Professor Manzano sagt, war der Generalife ein "Djennat", ein Paradies, und ebenso ein Gemüsegarten oder königlicher Garten, der gleichzeitig die Versorgung des Königshauses sicherstellte.

„Der Gemüsegarten ist nichts anderes als ein Stück Natur, das von liebevoll durch eine Umfassungsmauer abgeschirmt wurde, um den trocknen, manchmal wüstenartigen und stets dem Menschen feindlich gesinnten Außenbereich von dem mit Wasser begossenen und belebten Innenbereich zu trennen. Der Garten ist geometrisch angeordnet und mit sorgsam ausgewählten Bäumen und Pflanzen bepflanzt, um ihn in eine häusliche, dicht belaubte und wohlriechende Umgebung, ein wahres Abbild des „djennat" oder Paradies auf Erden, zu verwandeln. Er erreicht nicht die Ausdehnung der großen „Hairs" mit den orientalischen Jagdgebieten der Prinzen der Omaijaden, die es sicherlich auch in Granada gab und die den anderen, weiter entfernten Palästen zugeschrieben werden können, die sich oberhalb des Hügels, auf dem sich der Generalife erstreckt, befinden. Der königliche Gemüsegarten existierte als Ausgleich zum städtischen Palast an allen Höfen der Emirate, Kalifate und der Taifarreiche während der gesamten Geschichte des spanischen Islams".

Der moslemische Garten konnte mit allen Sinnen genossen werden: der Anblick der Blumen, sein Wohlgeruch, das Geräusch des Wassers, die Berührung und der Geschmack der Früchte, die man aß, während man unter den Bäumen wandelte.

 El Patio de Polo. (Ausspannhof)

Folgte man dem traditionellen Weg von der Alhambra zum Generalife, wobei man durch das Tor des Arrabal und über eine gewundene, steile von Mauern umgebene Gasse kam, so erreichte man als erstes Gebäude mit Tor und gestelztem Bogen den **Patio de Polo** oder Patio de Descabalgamiento. Kommt man von den neuen Gärten, ist dies heutzutage der erste Hof, der man in diesem Teil des Generalife besichtigt.

Eingangstor

Ansicht der neuen Gärten in der Umgebung um den Hof.

*Der **Schlüssel der Alhambra** krönt den Spitzbogen, ein Detail, das königliche Räume ankündigt.*

Der Name des Patio de Descabalgamiento (Ausspannhof) stammt von der Annahme, daß hier von den Pferden abgestiegen wurde. Er sieht aus wie ein bäuerlicher Hof, ganz schlicht und mit Weinranken und Rosen bedacht. Er verfügt über eine Wassertrog-Tränke, eine Steinbank und einen Vorbau mit zwei Bögen (ehemaliger Pferdestall).

*Der **nächste Hof** sieht wie ein zweiter Vorsaal aus, der mit Orangenbäumen und einem kleinen, zentralen Brunnen geschmückt ist. Hinter der Tür im Hintergrund befindet sich eine Vorhalle mit Steinbänken für die Wächter, denn dies waren Nebengebäude der Dienerschaft. Eine enge, wie immer gekrümmte Treppe mit hohen Stufen führt zum Patio de la Acequia (Wasserbeckenhof).*

*Hier ist das Tor, mit einem **Türsturz aus wunderschönen Mosaiken** mit verschlungener Dekoration und schlichten Blau, Grün- und Schwarztönen auf weißem Hintergrund gekrönt.*

Patio de la Acequia. (Wasserbeckenhof). Obwohl das der älteste Bereich dieser Paläste ist und verschiedene Änderungen erfahren hat, ist es das Gelände, in dem der Stil des andalusischen Gartens am besten erhalten ist. Bei seiner ursprünglichen Gestaltung wird das gewöhnliche Schema des länglichen Hofes mit Wasserbecken erst später hinzugeführt wurde. Der Tradition des "Abgeschlossenen Paradieses" folgend, unsichtbar von außen und in sich selbst gekehrt, hatte die westliche Mauer bis auf den kleinen Aussichtspunkt keine Öffnungen.

In der ursprünglichen Gestaltung erzeugte das Wasser, das von den beiden Brunnen, am Ende in das Wasserbecken geschüttet wurde, ein frisches Murmeln, gleich einer beruhigenden Musik -das angenehmste Geräusch nach der Stille, das die Gedanken nicht unterbricht. Der Rationalismus des 18. Jh. und vor allem die Romantiker des 19. Jh. haben ihre Sichtweise und ihren Geschmack eingeführt und die wohlklingende Stille sowie den sanften, natürlichen Verlauf des Wassers geändert, um ein künstliches Geplätscher zu erzeugen. Bei der letzten Restaurierung wurden allerdings Brunnenrohre entdeckt, die möglicherweise die Musik des Regens nachahmten.

Kurt Peterkarfeld
(foto 1930)

Der Plan zeigt wie die älteste Gestaltung des Hofes etwa Anfang des 14. Jh. ausgesehen haben mochte (in rot) und die Elemente, die später entweder von den aufeinanderfolgenden Herrschern der Nasriden oder dann zu Zeiten der Christen hinzugefügt wurden. Der Nordpavillon war niedriger, ein weiteres Geschoß wurde hinzugefügt. (Skizze von A. Orihuela. Häuser und Paläste der Nasriden)

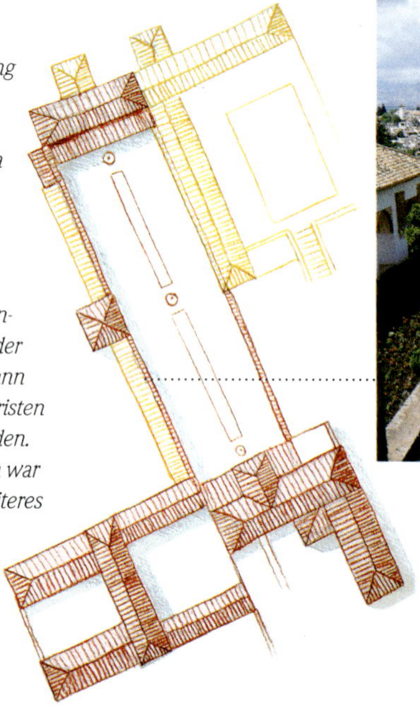

*Die **westliche Mauer** wurde während der Regentschaft der Katholischen Könige niedriger gemacht und in eine Galerie verwandelt, wobei sie nach außen mit Bögen versehen wurde, durch die die Landschaft in den Garten dringen konnte.*

*Seinerzeit konnte der Außenbereich lediglich von dem **zentralen Aussichts-punkt** (links) aus betrachtet werden, dessen Wände eine Dekoration aus der Regierungszeit von Ismail I.(1314)aufweist, die über eine vorherige gelegt wurde.*

Aufriß von D. Fco. Prieto Moreno (unten).

*Die am besten erhaltene **Nordseite**, die wir hier auf der Abbildung von Asselineau (1844) betrachten können, ist an ihrer Vorderseite mit Rundbögen, die sich auf Kapitelle stützen und mit Mocárabes dekoriert sind, versehen. Oberhalb dieser Bögen öffnen sich fünf kleine Fenster.*

Eine Poesie auf blauem Hintergrund aus Lasurstein (unten) umrahmt die Bögen. Die Erwähnung des „großen Jahres des Triumphes der Religion..." (Ismail I) läßt darauf schließen, daß die Dekoration aus dem Jahr 1319 stammt.

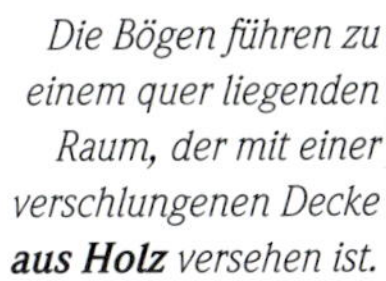

*Die Bögen führen zu einem quer liegenden Raum, der mit einer verschlungenen Decke **aus Holz** versehen ist.*

*Aufgrund der Lage des Saales am hinteren Ende des Hofes und des Vorhandenseins von **Nischen**, kann angenommen werden, daß dies der Saal war, den der Sultan zum Empfang nutzte.*

Der Saal endet in einem Aussichtspunkt, der zur Zeit von Ismail I. (1319) hinzugefügt wurde. Er ist bezüglich der Zentralachse des Wasserbeckens etwas nach rechts verschoben.

Es ist kaum nachzuvollziehen, wie es sein kann, daß im nördlichen Aussichtspunkt in den heißesten Monaten und sogar zu den schwülsten Stunden des Tages eine frische Brise herrscht, die die erstickende Beklemmung der Sommerhitze erleichtert. Zweifellos spielen Elemente mit hinein, deren Kombi-nation und Geheimnisse dem Baumeister wohlbekannt waren: die Lage, die Höhe, die Ausrichtung, die in der gesamten Alhambra so perfekt ist und

hier bezüglich der Achse des Hofes leicht abweicht, eben gerade um die Frische, die uns heutzutage so überrascht, zu erreichen. Eine Lektion für die Architektur des 21. Jh., die sich bemüht, die Natur in die Umgebung zu integrieren und sogar in geschlossenen Räumen Mikroklimas zu schaffen, um die Schwere des Betons und die optische Aggressivität des Zements auszugleichen.

Zypressenhof

Es ist auch nicht klar, welches seine ursprüngliche Gestaltung war. Das Wasserbecken in U-Form ist nicht nasridisch, denn Andrea Navaggiero, venezianischer Botschafter, beschreibt den Hof "wie eine Wiese mit einigen Bäumen", die regelmäßig durch ein ausgeklügeltes, unsichtbares System der Wasserzuführung bewässert wurde. Er wird auch Patio de la Sultana genannt, denn der Legende zufolge fanden hier die Treffen zwischen der Sultanin und dem Abencerraje, die später zur Ermordung dieser Familie führten, statt.

Der obere Garten

Reizendes Beispiel eines romantischen Gartens, der bereits nach der französischen Invasion auf einem Gelände der ursprünglichen Gärten angelegt wurde.

*Ein prächtiges **Dach aus Glyzinen** spendet dem Abstieg vom romantischen Aussichtspunkt Schatten (links). Unten, Brunnen zwischen einer Buchsbaumhecke auf einer der Zwischenterrassen.*

Wassertreppe

Dies ist eines der wenigen nasridischen Elemente, die in diesem Gelände erhalten sind. Die Besessenheit vom Wasser geht soweit, daß uns ein flüssiger Handlauf angeboten wird.

Romantischer Aussichtspunkt

Unglückiche Stilmischung aus dem 19. Jh., die auf vorher bereits vorhandenen Mauern errichtet wurde, deren Funktion heute nicht mehr bekannt ist. Aufgrund der Ausrichtung wird jedoch angenommen, daß sich hier ein Gebetsraum befand. Neben diesem Aussichtspunkt gelangt der Bewässerungsgraben, der die Treppe mit Wasser versorgt, in das Gelände ein. Merkwürdigerweise ist es nicht das Wasser, mit dem der restliche Generalife bewässert wurde, denn das wurde von unten direkt zum Zypressenhof geleitet. Der obere Bewässerungsgraben war der der Alhambra, von den man mit den entsprechenden Schleusen das für die Treppe notwendige Wasser ablenken konnte.

Das Bewässerungssystem der Alhambra und des Generalife

*Jeder Ausblick von der Alhambra lässt die Motive deutlich erkennen, die die Gründer dazu veranlaßten, diesen Hügel für ihre Paläste zu wählen. Zu seiner Vollkommenheit fehlte nur das Wasser. Bei der Errichtung der Hofstadt baute Ibn al-Ahmar einen Bewässerungsgraben (*Acequia Real*) der das Wasser etwa 6 km flußaufwärts dem Fluß Darro entnahm und beim Generalife eindrang.*

Darrotal. Flußaufwärts, in der Umgebung des Landgutes von Jesús del Valle überquerte der Bewässerungsgraben in einem Aquädukt den Fluß und trieb eine heute verlassene Getreidemühle an.

Wasserentnahme des Bewässerungsgrabens

Ehemalige Mühle

Landgut von Jesús del Valle.

***Nordabhang** des Sonnenhügels, wo sich heute noch Reste des Bewässerungsgrabens der Alhambra befinden.*

Fluß Darro

Königlicher Bewässerungsgraben

Llano de la Perdiz (Ebene des Rebhuhns)

*Der Bewässerungsgraben wurde später **verzweigt**, um eine größere Höhe zu erreichen, die es ebenfalls ermöglichte, den Generalife zu bewässern.*

Aljibe de la Lluvia (Sammelbrunnen für Regenwasser)

In einer späteren Phase, als die höher gelegenen Paläste wie der Dar al-Arusa oder Alixares errichtet wurden, wurden neue Faßmethoden eingeführt wie die Brunnen auf dem königlichen Bewässerungsgraben im oberen Bereich des Hügels, Sammelbrunnen, die sich mit Regenwasser füllten und ein neues System von Bewässerungsgraben, das heute leider nicht mehr vorhanden ist.

Dar al-Arusa

Generalife

Alhambra

Granada

Bevor der Bewässerungsgraben verzweigt wurde, hatte man einen großen Sammelbrunnen, die unterirdische Strecke sowie Brunnen errichtet, durch die das Wasser vom ursprünglichen Bewässerungsgraben dank eines Schöpfrades erhöht wurde, um eine größere Fläche vom Hügel des Generalife zu bewässern. Als die zweite Abzweigung errichtet wurde, wurde der große Wasserbrunnen als Depot und als Verteilungszentrum verwendet. Später errichtete man weitere Abzweigungen neben dem ursprünglichen Bewässerungsgraben (rechts).

Nach Pedro Salmerón Escobar und María Culell

Der Bewässerungsgraben der Alhambra gabelt sich, um die Wassertreppe hinunter zu fließen; möglicherweise zur Reinigung bei den rituellen Waschungen.

Der obere Bewässerungsgraben verläßt die großen Sammelbrunnen, um die benachbarten Gemüsegärten zu bewässern, und weiter unten teilt er sich nochmals, wobei sich die untere Abzweigung mit der des Generalife verbindet. Zusammen überquerten sie das Aquädukt und drangen in die Alhambra ein. Danach folgte er ungefähr der Straßenführung der Calle Real, um schließlich die Festung zu erreichen.

Aquädukt, über das der Bewässerungsgraben in die Alhambra geführt wird, und das den Graben, an dem die Cuesta de los Chinos verläuft, überquert. Der Wasserturm erhält seinen Namen, weil von hier aus dieser strategische Punkt überwacht wurde.

Das Wasser im Al-Andalus

Im Morgenland entstanden die Landwirtschaft, die Gärten und der Mythos des Paradieses auf Erden das in den Überlieferung idealisiert und von den ältesten Kulturen, übertragen wurde. Die Araber waren genauso wie die Berber durstige Nomaden und Erben dieser Traditionen und beherrschten die physischen Gesetze der Bewässerung wie niemand sonst. Das Wasser war seit jeher das Hauptproblem, dem aber auch die größte Bedeutung beigemessen wurde.

Der Bewässerungsgraben stellt das Rückgrat eines Bewässerungssystems dar. Er wird vom Fluß durch ein Schöpfrad oder eine kleine Aufstauung abgelenkt und der Hauptbewässerungsgraben ermöglicht es, das Wasser bezüglich des Flußbetts erhöht zu halten, so daß es an potentieller Energie gewinnt. Von dem Hauptbewässerungsgraben gehen nach und nach Nebengräben weg. Die Wasserbecken dienen als Speicher und Knotenpunkte für die Verteilung. Die Schwerkraft zusammen mit der klugen Anordnung des Geländes in Terrassen ermöglichen es, daß das Wasser jeden Punkt des bewässerten Gebietes erreicht und schließlich zum Flußbett zurückkehrt.

Sehr häufig befinden sich am Ende des Hauptbewässerungs-grabens eine oder mehrere Mühlen, die die Energie nutzen, um Weizen, Gerste oder Roggen zu Mehl zu mahlen. die Ernährungs-grund-lage dieser Gemein-schaften, zu mahlen. Ein großer Teil des Gebietes des ehemaligen Al-Andalus bewahrt heute noch unzählige Reste von Bewässerungssystemen.

Schöpfrad arabischen Ursprungs in Alcantarilla (Murcia). Das Schöpfrad diente dazu, Wasser zu erhöhen, wobei die Antriebskraft von Tieren verwendet wird, oder die besagte Kraft vom Wasser zu erhalten.

Die andalusische Besorgnis um das Wasser erreichte in den Städten ihren Höhepunkt. Es ist bekannt, daß die Moslems aus religiösen und hygienischen Gründen eine viel engere Verbindung zum Wasser hatten als die Christen der damaligen Zeit. Zum Trinken, für die religiösen Waschungen oder für das Bad; es war notwendig, daß jeder Einwohner der Stadt Zugang zu diesem wertvollen Gut hatte. Die Behörden sorgten stets dafür, um dies zu ermöglichen.

Das Wasser stammte aus Quellen, die von vornherein eine Bedingung für die Niederlassung der Bevöl-kerung darstellten, und im geringeren Maße aus Flüssen und Brunnen.

Manchmal war es notwendig, das Wasser durch Bewässerungsgraben von weit her zu holen, wie durch den Graben von Aynadamar, der den Albayzin versorgte und aus der Quelle von Fuente Grande in Alfacar (links) gespeist wurde.

Gelegentlich errichteten die Araber komplexe Versorgungsnetze auf Resten von im Verfall begriffenen spanisch-römischen Systemen. Bewässerungsgraben und unterirdische Strecken durchzogen die Stadt und füllten öffentliche Brunnen, Zisternen oder Depots. Hier kann ein Teil des Versorgungssystems des Albayzin betrachtet werden, wo über 20 Zisternen den Bedarf der Bevölkerung deckten.

Zisterne von St. Nicolás.

Aljibe de S. Miguel Bajo

Viele Häuser verfügten über eigene Leitungen, die aus Brunnenrohren oder gebrannten Lehmrohren gebaut wurden und viele sammelten das Regenwasser in eigenen Zisternen. Die bescheideneren Leute suchten die öffentlichen Zisternen oder Brunnen auf. In ihrem Hof befand sich stets der große, irdene Behälter, in dem das Wasser aufbewahrt wurde.

Gleichsam wurde das Abwasser entsorgt; direkt in den Fluß, falls er sich in der Nähe befand, oder durch Leitungen. Bürgerverordnungen legten strenge Kontrollen für die der öffentlichen Hygiene, dieOrdnung der Wasserträger, die die Flüssigkeit auf der Straße verkauften, und die den Stadtvierteln und bestimmten Gebäuden zugewiesenen Mengen fest.

Die Flora der Gärten

Bärenklau
Acanthus spinosus

Spierstrauch, spiräe
Spirea Cantonensis

Roßkastanie, Wildkastanien
Aesculus hippocastanum

Japanische Anemone
Anemone japonica

Winterhortensie
Saxifraga crassifolia

Sophore
Sophora imperium

Bougainvillea
Bougainvillea glabra

Losstrauch
Clerodendrum bugei

Taglilie und Jupiterbaum
Hemerocallis dumortiere and Lagestroemia indica

Hahnenkamm
Celosia cristata

Gerbera
Gebera jamesoni

Weigela
Weigelia Dierrilla florida

Japanische Sidonia
Sidonia japonica

Kreuselmyrthe
Lagestroemia indica

Rosmarin
Rosmarinus officinalis

Bitterorangenbaum
Citrus aureatium ver. Amara

Kletterrose
Rosa bankseiae

Flußtamariske, Paradiesbaum
Tamarix

Tulpenbaum
Magnolia soulangeana

Magnolie
Magnolia grandiflora

Kakibaum und Zypresse
Diospyros Kaki & Cupressus sempervirens

Duftwasserrose
Nymphaea ordorata

Schleifenblume
Iberis sempervirens

Weinranke
Ampelosis tricuspidade

Salvie
Salvia Splendens

Ringelblume und Löwenzahn
Calendula officinales &
Taraxacum afficinale

Meerlavendel
(Limonium sinuatum)

Wintersblüte
Chimonanthus praecox

Schneeball
Vibumum opulus

Garten des Partal in Frühling

Blauregen in Herbst
Westaria sinensis
Koelrenteria painculata,

Schmucklilie
Agapanthus africanus

Hybridrose
Rosa hybr.

Kanna, Indisches Rohr
Canna indica

Weißer Jazmin
Plumbago capensis

Strohblume
Statice fruticans

Kronwicke
Coronilla glauca

Amerikanische Kokardenblume
Gaillardia pulchella

Petunie
Petunia hybr.

Rittersporn
Delphinium hybr.

Goldrute
Solidago canadensis

Kokardenblume
Gaillaria aristata

Glycine
Wisteria sinensis

Trompetengeißblatt
Lonicera sempervirens

Die Katholischen Könige überließen den Generalife zu seiner Pflege dem Kom-tur Hinestrosa und nach einer Reihe von Erbfolgen und Eheschließungen wur-de er von der Familie Gra-nada Venegas verwaltet und schließlich von den Marquisen von Campo-téjar, die mit den Grimaldi-Palavicini in Mailand verwandt sind.

Links, Westgalerie des Patio de la Acequia (Wasserbecken-hof). Darunter, rechteckiger Saal, der vor dem Aussichtspunkt liegt.

Nach einem sehr langen Rechtsstreit, bei dem der Staat das Eigentum am Generalife forderte, wurde der Streit zu-gunsten der Privatpersonen entschieden, die, nachdem sie gewonnen hatten, den Gene-ralife 1921 unentgeltlich dem Staat überließen. Daraufhin schuf Don Alfonso XIII. den Titel des Marquisen des Gene-ralife, um diese großzügige Überlassung zu belohnen.

Das Wetter und seine Windstöße. Vergleicht man das Foto von 1999 mit denen auf Seite 156 oder 160, wird man die prächtigen Bäume links vermissen: Zedern und Zypressen, die ein Unwetter im Winter 1998 mit sich riß.

Obere Alhambra

Alhambra alta (Secano)

Nicolás Chapuy, 1844

Der Secano ist die verschwundene Alhambra, der südliche und östliche Teil des Geländes, auf dem sich die Medina zur Zeit der Nasriden befand, von der heute nur einige Reste und vereinzelte Elemente erhalten sind. Es war eine vollständige, innerhalb der Mauern errichtete Stadt, wo sich Paläste angesehener Familien, Verwaltungsgebäude sowie Wohngebäude der Soldaten und des Personals für die Dienste am Hof nebeneinander befanden. Werkstätten, Bäder, Märkte gruppierten sich um die Moschee und bildeten eine bunte und abwechslungsreiche Anlage, eine wahre Stadt innerhalb der Stadt.

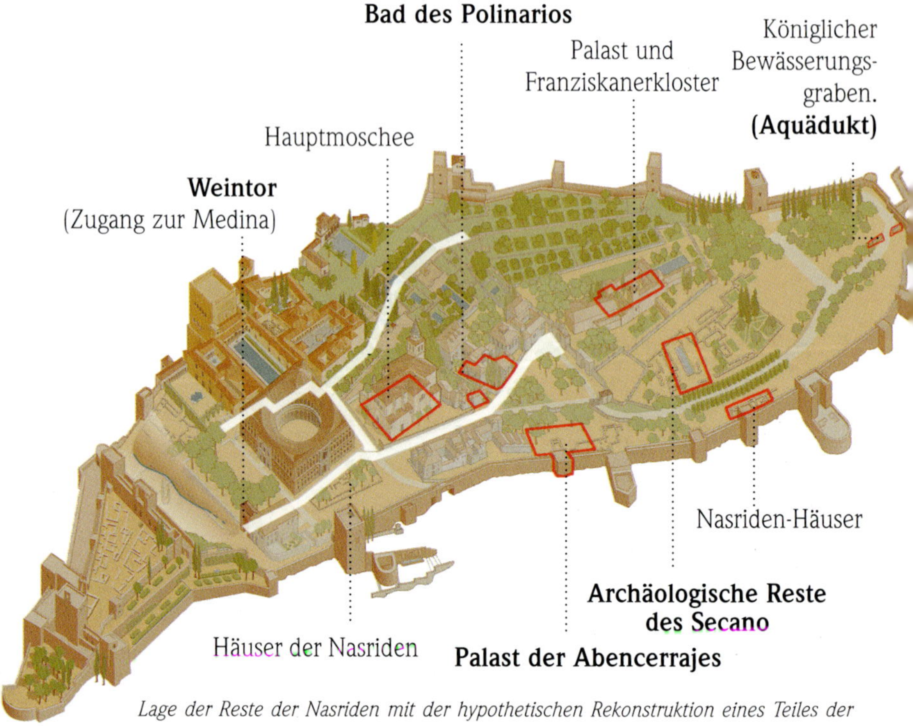

Bad des Polinarios
Königlicher Bewässerungsgraben. **(Aquädukt)**
Palast und Franziskanerkloster
Hauptmoschee
Weintor (Zugang zur Medina)
Nasriden-Häuser
Archäologische Reste des Secano
Häuser der Nasriden
Palast der Abencerrajes

Lage der Reste der Nasriden mit der hypothetischen Rekonstruktion eines Teiles der Straßen der Medina. Die gepunkteten Linien stellen die weniger sicheren Strecken dar.

Calle Real. Die Straßen der Medina.

Die heutige Calle Real *(rechts)* folgt größtenteils der Führung der alten Calle Real Alta, obwohl sie in der Umgebung des ehemaligen Franziskanerklosters, als der kleine Platz errichtet wurde, abgeändert wurde. Damals ging sie vom Weintor ab. Auf ihrem Boden verlief der Bewässerungsgraben der Alhambra und neben ihr erhoben sich Häuser, Paläste wie der, von den Abencerrajes, und Bäder wie das des Polinario.

Kirche der Santa Maria de la Alhambra. Sie wurde auf dem Grund der ehemaligen Moschee errichtet.

 Palast im ehemaligen Franziskanerkloster

Die Königin Isabel ließ auf den Ruinen eines Nasriden-Palastes aus dem 14. Jh. (je nach Autor ein Bauwerk von Mohammed III. oder Yusuf I.) 1495 ein Franziskanerkloster errichten, in dem sie bis zu ihrer endgültigen Verlegung in die Königskapelle von Granada begraben war (rechts). Nach der Vertreibung der Franziskaner 1835 wurde es zerstört und Leopoldo Torres Balbás baute es als Sitz und Residenz der Landschaftsmaler wieder auf. Während des Bürgerkrieges wurde es als Krankenhaus genutzt und seit 1942 ist es ein Parador de Turismo (staatliches Hotel).

Heute ist nur noch die in dem modernen Gebäude integrierte „Qubba" (oben) erhalten. Es verfügt über eine Decke aus „Mocárabes".

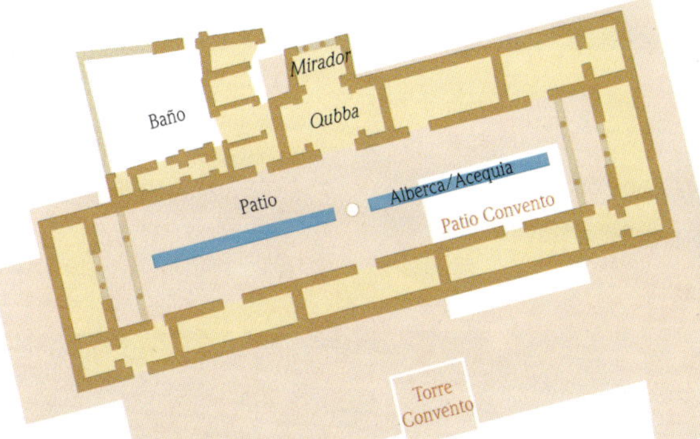

Hypothetischer, über das heutige Gebäude (in rosa) gelegter Grundriß des Nasriden-Palastes nach A. Orihuela. Das Wasserbecken war wahrscheinlich Teil des Bewässerungsgrabens der Alhambra, der dann die Strecke der Calle Real entlang verlief.

 Palast der Abencerrajes

Es war ein an der Stadtmauer auf der Höhe des sogenannten Turms der Abencerrajes angebauter Palast. Der Turm gehörte tatsächlich zum Palast, da sich darin die "*Qubba*", der viereckige Hauptsaal des Palastes befand. Man nimmt an, daß er Ende des 13. Jh. oder Anfang des 14. Jh. errichtet wurde und der Familie, dessen Namen er übernahm, gehörte.

Hypothetische Rekonstruktion nach A. Orihuela. Die Einheit Hof und "Qubba", vor der ein länglicher Saal liegt, weist Ähnlichkeiten mit der Anordnung des Comarespalastes (Hof-Saal des Bootes Botschaftersaal), der später errichtet wurde, auf. Der Wehrgang der Mauer bildet beim Durchqueren des unteren Turmbereiches einen Gang.

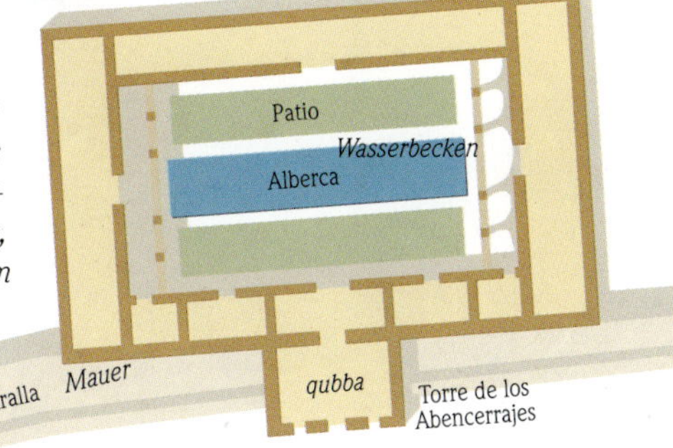

Zypressenallee

Durch den Secano zieht sich ein von einer Zypressenhecke umgebener Weg, der von Torres Balbás angelegt wurde, um die Führung einer mittelalterlichen Straße zu kennzeichnen. Der Weg verbindet die Nasriden-Paläste und den Generalife außerhalb des Partals. Auf beiden Seiten können Reste von Gebäuden sowohl aus der Zeit der Nasriden wie auch aus späterer Zeit be-trachtet werden.

 Archäologische Reste des Secano

Die archäologischen Reste dieser Zone bilden eine abwechslungsreiche Anlage, die, neben modernen Elementen, Häuser aus der Zeit der Nasriden, Bäder und Gerbereien (Färbereien) umfaßt.

Das bedeutendste Gebäude war anscheinend ein Palast oder Residenz, von dem das Wasserbecken und einige Grundmauern (unten), die von der Zypressenalle aus zu sehen sind, erhalten sind.

 Der Königliche Bewässerungsgraben

Der Königliche Bewässerungsgraben, dessen Errichtung al Ahmar, Gründer der Nasriden-Dynastie anordnete, dringt in die Anlage der Alhambra am südlichen Ende, neben dem Wasserturm (links), ein. Hier sind Reste des Aquäduktes erhalten, das es ermöglichte den Graben, an dem heute die Cuesta de los Chinos verläuft, zu überqueren. Da sich hier der am höchsten gelegene Bereich der Alhambra befindet, mußte er dann lediglich der Neigung des Hügels folgen, um alle Punkte der Hofstadt zu erreichen.

Carlos V

Palast Karls V

Der Palast von Karl V. ist ein polemisches, unverstandenes Denkmal. Trotzdem wird es unumgänglich als aussergewöhnlich zitiert. Eine Reihe von alten Vorurteilen und eine grosse Unkenntnis der von Granada in den Absichten der spanischen Monarchie des 16. Jahrhunderts gespielten Rolle haben dazu beigetragen. Wir könnten behaupten, dass die sich mit einer muslemischen von der Verständnislosigkeit der wilden spanischen Könige zerstörten Welt befassen. Aber die wahre Geschichte ist anders. Jeder Historiker begreift heute, dass die Eroberung von Granada ein Symbol für die spanische Monarchie gewesen ist. Als solches Symbol wird die neueroberte Stadt als Treffpunkt von den verschiedensten spanischen und italienischen Künstlern verwandeln. Diese werden ihr den Prunk einer christlichen Hauptstadt verleihen, und damit wird sie wieder so wichtig sein wie zur muslemischen Zeit. Es war also eine "politische Absicht", mittels dieser grossen königlichen Bauten die Bedeutung von Hauptort zu verstärken, die die Stadt Jahrhunderte lang genossen hatte.

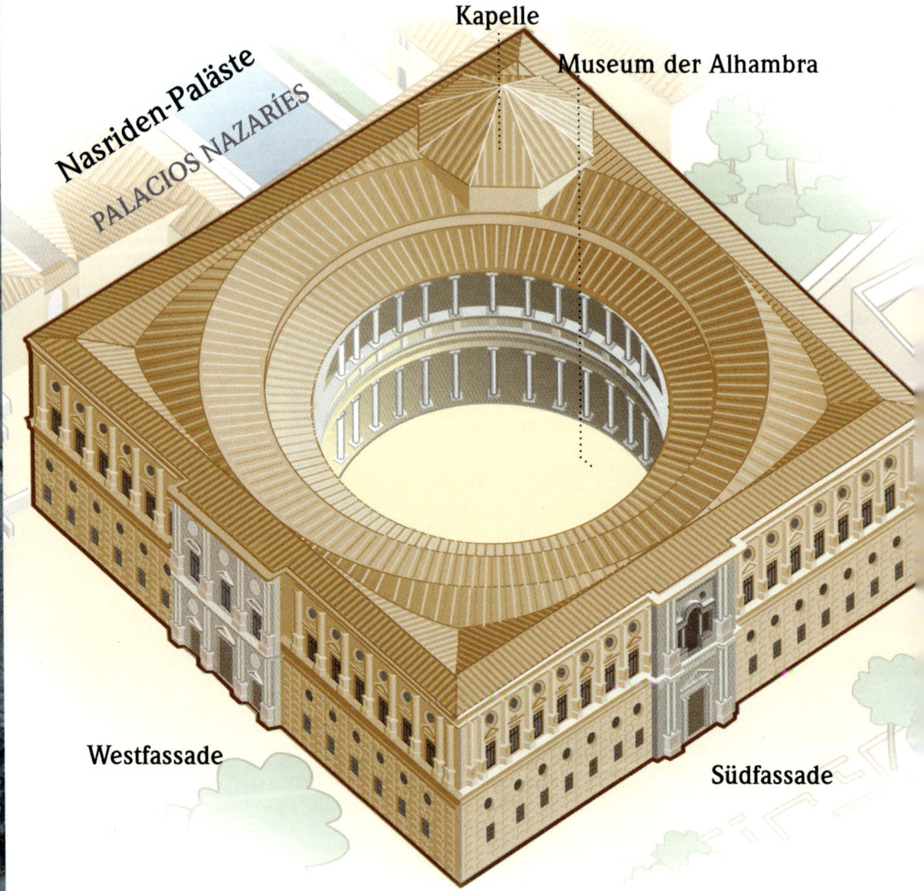

Kapelle

Museum der Alhambra

Nasriden-Paläste

PALACIOS NAZARÍES

Westfassade

Südfassade

Der Palast wurde auf einem christlichen Viertel als ein der nasridischen Anlage nachträglich hinzugefügter Anbau errichtet. Ein Fehler in der Geometrie führte dazu, daß seine Gestaltung in einem minimalen Bereich das Schema der Anlage der Alhambra beeinträchtigt. Die Gründe für ein so radikales und neues Projekt müssen vor diesem Hintergrund betrachtet werden. Vermutlich gehört die Alhambra dank des Palastes heute zum Vermögen der spanischen Königspaläste und ist nicht als ein archäologisches Zeugnis einer besiegten Kultur zu betrachten.

Wenn wir bedenken, dass die Katholischen Könige hier schon eine Grabkapelle errichtet haben, können wir verstehen, dass ihr Enkel, der Kaiser, mit diesem Plan einig war, und dass er, als Leiter Europas Schicksal, sich mit der Erweiterung beschäftigt hat. Die Gelegenheit ist einmalig. Wärend seiner Hochzeitsreise mit der Kaiserin Isabel im Jahre 1526, besucht der Kaiser die Alhambra und wohnt in den Räumen, die von dann an als "Wohnräume von Karl V." bezeichnet werden. Dort beweis er seine Liebe für das alte Nasridenschloss und seine Bewunderung veranlasst ihn zur Vergrösserung und Erweiterung dieser Räume, die sich damit zu den Bedürfnissen eines modernen Hofes eignen. Daraus ergibt sich der Auftrag des Palastes von Karl V. an seinen Vertrauensmann, den Marqués de Mondéjar, Vogt der Alhambra.

Karl V.

Diese für die Geschichte des Palastes so wichtige Person ist Mitglied einer grossen Familie des spanischen Adels, der Mendoza. Dank ihrer italienischen Ausbildung, hatten sie dazu beigetragen, in Spanien den Geschmack für die neue Renaissance-Kunst auszubreiten. Zusammen mit dem Bestreben, Granada als neue Stadt des Christentums hervorzuheben, müssen wir eine generalisierte Erscheinung in Betracht nehmen, die zu einem als von G. Kluber bezeichneten "italienischen Süden" führt. Er behauptet, dass Andalusien die Gegend ausserhalb von Italien ist, wo die Gedanken der Renaissance am Besten aufgenommen wurden.Der Palast wurde als Symbol einer Regierungszeit bezeichnet, mit Heftigkeit begonnen und nie vollendet. Der Aufstand der Moriscos, eines der härtesten Bürgerkriege, hat zum Untergang des Königreichs von Granada geführt, und zwar für immer. Damit wird die Ausarbeitung des anfänglichen Entwurfes verhindert.

Der Palast wurde erst in 1969 bedacht.

Der Beauftragte des Bauwerkes, Pedro Machuca, hatte nach seiner Zusammenarbeit in Rom mit Michelangelo und Raffael eine solide italienische Ausbildung genossen. Aber ausserdem, dank dieser Ausbildung, hat er die theoretischen Aspekte der bearbeiteten Werke der Renaissance kennengelernt. Daraus folgt die Wahl des einmaligen Grundrisses, ein runder Hof innerhalb eines Vierecks. Das nimmt seit der Epoche von Alberti das tiefste Streben nach dem Idealentwurf an.

*Den Präzedenzfall können wir in Rom in "**San Pietro in Montorio**" erkennen, wo man laut dem von Serlio ver-öffentlichten Plan einen äusserlichen runden Hof bauen sollte, im "**Villa Madama**" runden Hof der von Raffael oder an den Palastzeichnungen von Leonardo.*

Als Machuca im Jahre 1550 starb, wurde sein Sohn Luis Nachfolger und später Juan de Orea, der sich bezüglich der Treppen und des oberen Bereichs des Hauptportals, das von Minjares beendet wurde, den Richtlinien von Juan de Herrera unterwerfen mußte.

Alle Skulpturen, Werke von Niccolao da Corte, Juan de Orea und Antonio de Leval, stellen eine kaiserliche Botschaft an die eroberte Stadt dar, die sich um die Figur eines Kaisers wie Cäsar dreht.

Herkules als mythologischer Bezugspunkt des Kaisers auf den Medaillons im oberen Stockwerk.

***Schlacht von Pavia**, hervorragendes Werk des italienischen Bildhauers Niccolao da Corte.*

*Bei den **Fenstern** wechselt sich in beiden Stockwerken die rechteckige Gestaltung mit den runden Formen ab, wodurch das in der Renaissance vorherrschende Spiel mit den Linien wieder aufgenommen wird.*

***Ionische Pilaster** auf einem Sockel, auf dem verschiede Reliefs entfaltet werden, die mit ihrer Schwerelosigkeit und senkrechten Stellung ein Gegengewicht zum Bossenwerk darstellen.*

***Dorische Säulen** im ersten Stockwerk.*

***Rustikales Bossenwerk** italienischen Ursprungs, das die horizontale Ausrichtung der Einheit unterstreicht.*

*La **Fama**, la **Victoria**, la **Fecundidad** (Ruhm, Sieg, Fruchtbarkeit) stellen die drei weiblichen Gestalten am Südportal dar.*

La Victoria.

Der Palast wird mit großen Seitensälen gestaltet, mit Ausnahme der NW-Abschrägung, in dem die Kapelle und die Krypta untergebracht werden. Die Kapelle war in Wirklichkeit das Element, um das sich Karl V. am meisten bemühte, denn als er am 30. November 1527 das Projekt erhielt, schrieb er: "Ich möchte euch nur sagen, daß der Vorsaal groß sein soll und daß sich darin die Kapelle, um die Messe zu lesen und zu hören, befinden soll.".

Auf diesem Plan wurde das neue Königshaus jedoch bereits als theatralische Erweiterung der ehemaligen Räume der Nasriden-Anlage betrachtet.

Das Wappen von Felipe II. beherrscht die Fassade

Basrelief im Sockel der Säulen.

Der Innenbereich mit dem Hof, der dreißig Meter lichte Weite und einen Durchmesser von zweiundvierzig Metern aufweist, ist durch eine vollkommene Schlichtheit und Schmucklosigkeit gekennzeichnet: zwei Stockwerke mit gerade auslaufenden Bögen dorischer und toskanischer Anordnung und einer großen Haupttreppe, die mit dem prächtigen, ringförmigen Tonnengewölbe der Vorhalle verbunden ist.

Die Gestaltung des Architraven ist vollkommen originell, wobei zwischen den beiden Elemente, die ihn bilden, ein perfektes Kräfteverhältnis geschaffen wird. Dieser Ring stützt sich auf einen perfekten Kreisring, der dem Druck des Steins nach außen standhält, als ob es eine durchgehende Brücke wäre, bei der sich ein Fuß am Ring stützt, der andere an der Mauer. Wenn die Mauer durch ein Portal -wie dies an der Westseite der Fall ist - geschwächt wird, wird ihr die Kraft der Außenmauer durch ein herabgesetztes Gewölbe oder eine andere Art von Strebemauer hinzugefügt.

Im Entwurf des Palastes waren an seinen West- und Südfassaden mit Säulengängen versehene Vorplätze vorgesehen, die niemals verwirklicht wurden. Zu seiner Zeit unvollendet und niemals von seinem Erbauer benutzt beherbergt er heute das Museum der Alhambra und wird bei Musik- und Tanzfestivals als Konzertsaal benutzt. Vorführungen finden hier auch statt.

Das Museum der Alhambra

In den letzten Jahren des 20 Jh. wurden die Ausstellungsstücke des spanisch-moslemischen Museums in das untere Geschoß des Palastes von Karl V. verlegt, um das neue Museum der Alhambra zu errichten. Hier werden der berühmte "Jarrón de las Gacelas" (Krug der Gazellen, oben) die Originaltür des Saales der zwei Schwestern, Kassettendekken, Keramik, Kapitelle, Grabplatten und eine bedeutende Sammlung interessanter Stücke, die das alltägliche Leben auf der Alhambra näherbringen, ausgestellt. Der Eintritt ist frei, montags ist jedoch geschlossen. Eine Besichtigung ist äußerst empfehlenswert und von höchstem Interesse. Im ersten Stockwerk birgt der Palast außerdem das ***Museum der schönen Künste****, das aus der Säkularisierung (1835) stammende Werke, unter denen sich "El Cardo" von Sánchez Cotán, Werke von Siloé und viele weitere Werke von Meistern der Granadinischen Schule befinden, ausstellt.*

Bibliographie

AZNAR, F. *Al-Ándalus.* Madrid 1992, Anaya.

BERMÚDEZ PAREJA, Jesús. *La Casa Real Vieja.* Albaicín/Sadea. Granada.

BORRÁS, Gonzalo M. *La Alhambra.* Anaya. Madrid, 1989.

BURKHARD, Titus. La Civilización Hispanoárabe. Alianza. Madrid, 1985.

CABANELAS RODRÍGUEZ, D. *El techo del Salón de Comares.* Granada, 1988. Patronato de la Alhambra y el Generalife. Granada, 1982.

GRABAR, O. *La Alhambra: iconografía formas y valores.* Alianza Editorial, S. A. Madrid, 1980.

GUTIÉRREZ CASTILLO, Arturo. *El monumento en la visita.* Edilux. Granada, 2007.

MANZANO, Rafael. *La Alhambra.* Anaya. Madrid, 1992.

ORIHUELA UZAL, A; VÍLCHEZ VÍLCHEZ, C. *Aljibes Públicos de la Granada islámica.* Ayuntamiento de Granada. Granada, 1991.

ORIHUELA UZAL, A. *Casas y Palacios Nazaríes. Siglos XIII-XV.* Barcelona, 1996.

PUERTA VILCHEZ J. M.: *La aventura del Cálamo.* Edilux. Granada, 2007.

PRIETO MORENO, F. *Los jardines de Granada.* Patronato Nacional de Museos. Madrid, 1983.

SALMERÓN ESCOBAR, Pedro. *La Alhambra, Estructura y Paisaje.* C. G. de Ahorros de Granada y Ayuntamiento de Granada, 2000.

SECO DE LUCENA, Luis, *La Alhambra, como fue y como es.* Granada, 1935.

VV. AA. *El enigma del agua en al-Ándalus.* Barcelona, 1994.

VV. AA. *La casa hispanomusulmana. Aportaciones de la arqueología.* Publicaciones del Patronato de la Alhambra y el Generalife. Granada, 1990.

VV. AA. *La imagen romántica del Legado Andalusí.* Barcelona, 1995.

VV. AA. *Plan Especial de protección y reforma interior de la Alhambra y Alijares.* Consejería de Cultura, Junta de Andalucía; Ayuntamiento de Granada; Patronato de la Alhambra y Generalife. Granada, 1986.

_2189bis._La antigua Alhondiga ó Casa del Carbon.
J. Laurent y Cia Mad·id
Es propiedad.
Dép·

Das christlische Granada

von Arturo Gutiérrez Castillo.

Übersetzung Anne Zipze, Mariom Dahms, Alfonso Calderón Paz

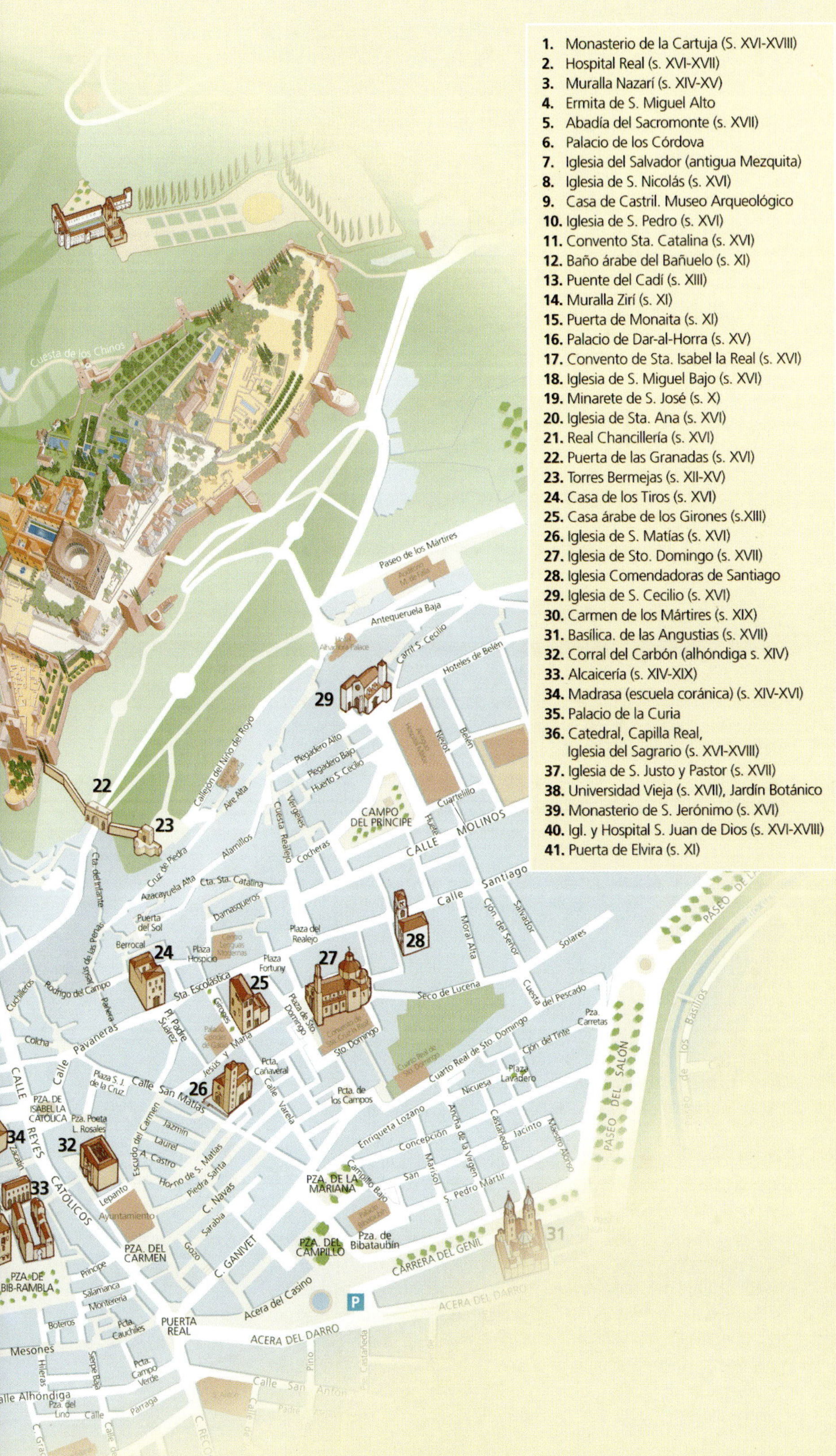
1. Monasterio de la Cartuja (S. XVI-XVIII)
2. Hospital Real (s. XVI-XVII)
3. Muralla Nazarí (s. XIV-XV)
4. Ermita de S. Miguel Alto
5. Abadía del Sacromonte (s. XVII)
6. Palacio de los Córdova
7. Iglesia del Salvador (antigua Mezquita)
8. Iglesia de S. Nicolás (s. XVI)
9. Casa de Castril. Museo Arqueológico
10. Iglesia de S. Pedro (s. XVI)
11. Convento Sta. Catalina (s. XVI)
12. Baño árabe del Bañuelo (s. XI)
13. Puente del Cadí (s. XIII)
14. Muralla Zirí (s. XI)
15. Puerta de Monaita (s. XI)
16. Palacio de Dar-al-Horra (s. XV)
17. Convento de Sta. Isabel la Real (s. XVI)
18. Iglesia de S. Miguel Bajo (s. XVI)
19. Minarete de S. José (s. X)
20. Iglesia de Sta. Ana (s. XVI)
21. Real Chancillería (s. XVI)
22. Puerta de las Granadas (s. XVI)
23. Torres Bermejas (s. XII-XV)
24. Casa de los Tiros (s. XVI)
25. Casa árabe de los Girones (s.XIII)
26. Iglesia de S. Matías (s. XVI)
27. Iglesia de Sto. Domingo (s. XVII)
28. Iglesia Comendadoras de Santiago
29. Iglesia de S. Cecilio (s. XVI)
30. Carmen de los Mártires (s. XIX)
31. Basílica. de las Angustias (s. XVII)
32. Corral del Carbón (alhóndiga s. XIV)
33. Alcaicería (s. XIV-XIX)
34. Madrasa (escuela coránica) (s. XIV-XVI)
35. Palacio de la Curia
36. Catedral, Capilla Real,
Iglesia del Sagrario (s. XVI-XVIII)
37. Iglesia de S. Justo y Pastor (s. XVII)
38. Universidad Vieja (s. XVII), Jardín Botánico
39. Monasterio de S. Jerónimo (s. XVI)
40. Igl. y Hospital S. Juan de Dios (s. XVI-XVIII)
41. Puerta de Elvira (s. XI)
Cuesta de los Chinos
Paseo de los Mártires
Antequeruela Baja
Camino S. Cecilio
Hoteles de Belén
Callejón del Niño del Royo
Aire Alta
Plegadero Alto
Plegadero Bajo
Huerto S. Cecilio
Vistillas
Cuesta Realejo
CAMPO DEL PRÍNCIPE
CALLE MOLINOS
Cuartelillo
Alamillos
Cocheras
Cruz de Piedra
Cta. del Infante
Azacayuela Alta
Cta. Sta. Catalina
Damasqueros
Puerta del Sol
Plaza del Realejo
Berrocal
Plaza Hospicio
Plaza Fortuny
Calle Santiago
Moral Alta
Cjón. del Señor
Salvador
Solares
Sta. Escolástica
Rodrigo del Campo
Pl. Padre Suárez
Seco de Lucena
Cuesta del Pescado
Pza. Carretas
Pavaneras
Colcha
Plaza S. J. de la Cruz
Calle San Matías
Pza. Cañaveral
Pcta. de los Campos
Sto. Domingo
Cuarto Real de Sto. Domingo
Cjón. del Tinte
Plaza Lavadero
Nicuesa
PASEO DEL SALÓN
CALLE REYES CATÓLICOS
PZA. DE ISABEL LA CATÓLICA
Pza. Poeta L. Rosales
Jazmín
Laurel
A. Castro
Horno de S. Matías
Piedra Santa
C. Navas
Enriqueta Lozano
Concepción
Jacinto
PZA. DE LA MARIANA
Pza. de Bibataubín
PZA. DEL CAMPILLO
C. GANIVET
Ayuntamiento
PZA. DEL CARMEN
PZA. DE BIB-RAMBLA
CARRERA DEL GENIL
Acera del Casino
ACERA DEL DARRO
PUERTA REAL
Mesones
Calle Alhóndiga
Calle San Antón

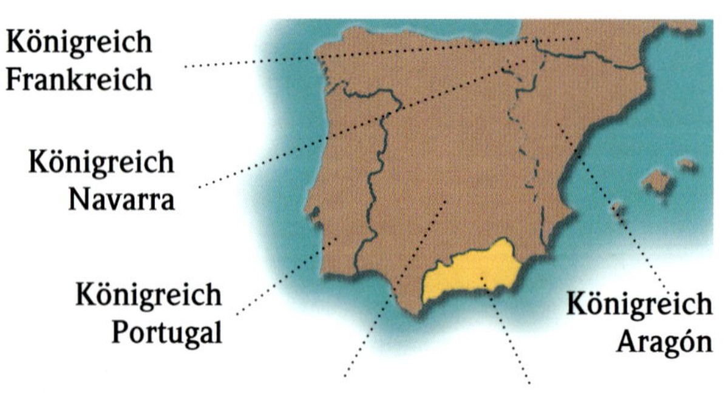

Zum geistigen Aufbruch des Augenblicks kam die dringende Notwendigkeit hinzu, die Stadt Granada, die keine christliche Vergangenheit besaß, bzw. wo diese Vergangenheit zu weit zurücklag, mit den grundlegenden kirchlichen und kulturellen Mitteln zu versehen, um die besorgniserregende, mehrheitlich maurische Bevölkerung zum Christentum zu bekehren. Die beeindruckenden Früchte dieser neuen Etappe sind noch in zahlreichen Baudenkmälern zu sehen, die über die gesamte Stadt und Provinz verteilt sind. Dieses Buch möchte Sie zu diesen historischen Marksteinen führen, um ihre damalige Bedeutung aufzuzeigen, die bis in die heutige Zeit hinein reicht.

DAS CHRISTLICHE GRANADA

Über zweieinhalb Jahrhunderte (1238-1492) war Granada, die Hauptstadt des gleichnamigen maurischen Königreichs, dem Königreich Kastilien ein Dorn im Auge. Auch für die übrige westliche Welt wurde diese exotische Stadt im Süden der Iberischen Halbinsel bald zu einem lästigen Symbol für die wachsende Bedrohung durch den Islam, vor allem, da die türkische Gefahr in Europa immer ernsthafter wurde. Die internen Probleme und Zwiste der christlichen Königreiche, die sich sowohl auf der Iberischen Halbinsel als auch im restlichen Abendland ausbreiteten, ließen es jedoch nicht zu, aus der Furcht vor der islamischen Macht Nutzen zu schlagen. Es sollte bis in die zweite Hälfte des 15. Jh. dauern, bis Kastilien eine Reihe günstiger Umstände dazu verwendete, endlich seiner historischen Verpflichtung nachzukommen, Granada wieder zu erobern. Für Kastilien war das 15 Jh. von ungeheuerer Bedeutung. Ohne die Geschehnisse dieses Jahrhunderts wäre es niemals zu dem großen Aufbruch gekommen, der den Einzug der Moderne und den Aufstieg der kastilischen Krone zur Weltmacht ermöglichte. Mit einer eindeutig aufstrebenden Wirtschaft und dem Ruf der Bevölkerung nach einer starken autoritären Monarchie konnten die internen Krisen überwunden und ein neues Modell der politischen Machtverteilung erprobt werden.

Nach der dynastischen Vereinigung von Kastilien und Aragon (1474) setzten die Katholischen Könige ihr Augenmerk auf das jahrhundertealte Bestreben, das maurische Königreich Granada der neuen Krone zu unterwerfen und damit die Wiedereroberung endgültig zu besiegeln. Dies erreichten sie durch einen neuartigen, systematischen und methodischen Krieg. Nach einem Jahrzehnt kriegerischer Auseinandersetzungen war das Ende des Königreichs Granada absehbar, was mit dem Beginn des nahezu magischen Jahres 1492 zusammenfiel. Fast vierzig Jahre mussten verstreichen, bis die christliche Welt dem Islam einen Schlag versetzen konnte, der der Eroberung Konstantinopels gleichkam. Diese Heldentat wurde als letzter europäischer Kreuzzug gefeiert und Granada wurde bald zum Symbol für die gesamte westliche Welt: das neue Jerusalem, das Jerusalem des Abendlandes. Ein Brennpunkt des geistigen Lebens, der von der Kirche selbst und von der Krone gefördert wurde, die sich bei der Gründung religiöser Stiftungen sowie öffentlicher und verwaltungspolitischer Einrichtungen überaus verschwenderisch zeigte. Im Schutz dieser günstigen Umstände wurde Granada bald zum unbestreitbaren Mittelpunkt der Renaissance, ihrer Kunst und Kultur sowie zum Schauplatz der neuen Ideale des religiösen Synkretismus humanistischer Prägung.

Capilla Real

Die Grabmäler im Kreuzschiff der Königskapelle sowie die Särge, die sich in der darunter liegenden Krypta befinden, bezeugen die Bemühungen, Granada zum Bestattungsort der spanischen Königsfamilie zu machen. Die Katholischen Könige, oben, wurden 1521 zusammen mit ihrem ersten Enkel, dem Infanten Miguel, dort bestattet. Diesen Grablegungen folgten die von Philipp dem Schönen (1525) und Johanna der Wahnsinnigen (1574). Ihre Körper sind auf dem Kenotaph im Hintergrund der Abbildung dargestellt. Die Kaiserin Isabella, die Gemahlin von Karl V., wurde 1539 ebenfalls in der Krypta der Königskapelle beigesetzt.

Genau wie für ihre Vorfahren wäre für Isabella und Ferdinand auch jede andere Stadt, wie z.B. Miraflores, Toledo, Sevilla oder Poblet als Bestattungsort in Frage gekommen. Granada war jedoch eines der meistgeschätzten Symbole ihre Herrschaft und so war es nur recht und billig, dass sie dort, wo sie zu Lebzeiten Ruhm erlangten, nach ihrem Tod den ewigen Frieden fanden. Die Königskapelle ist jedoch als geglückte Missachtung des letzten Willens der Königin Isabella zu verstehen, den sie kurz vor ihrem Tod im Oktober 1504 in ihrem Testament niedergeschrieben hatte. Die von ihr vorgesehene Lage und Schlichtheit der Grabstätte wurden kaum respektiert. Dank dieses Umstandes können wir heute ein Grab bewundern, das die traditionsgemäß für diese Art von Bauten vorgesehenen Grabmäler bei Weitem übertrifft.

Oben, die Aussenfassade der Kapelle, und über diesen Zeilen die ehemalige Lonja

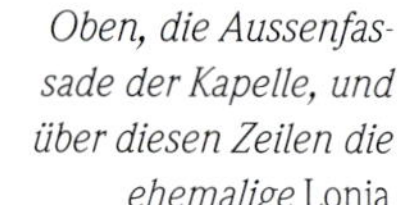

Die Königskapelle wurde nicht nur mit zahlreichen Kunstwerken ausgestattet, sondern auch mit bedeutenden Objekten, die einst Bestandteil des täglichen Lebens der Königin Isabella waren. Ein Handspiegel, der im 18. Jh. als Monstranz diente, ein wunderschöner Schrein aus vergoldetem Silber sowie ein Messbuch mit prächtigen Randverzierungen voller königlicher Wappenzeichen und Embleme, Buchstaben mit Heiligenfiguren und einer Miniaturzeichnung der Kreuzigung.

Messbuch der Königin.

Der Bau der Königskapelle zog sich nicht besonders lang hin. Unter der Leitung des Baumeisters Enrique Egas wurde 1506 mit den Arbeiten begonnen und laut der Inschrift im Inneren der Kapelle wurden sie 1517 beendet. Dennoch weist Vieles darauf hin, dass das Bauwerk erst 1521 fertig gestellt war. Das Endergebnis ist ein Gebäude im so genannten „isabellinischen Stil“, eine Variante des traditionellen gotischen Baustils, in den Dekorationselemente des Spätbarocks aufgenommen wurden. So wurde sowohl im Innenraum als auch an der Außenfassade ein auffallender Kontrast zwischen architektonischer Schlichtheit und ornamentaler Fülle geschaffen. Vom strukturellen Gesichtspunkt aus handelt es sich bei der Königskapelle um eine einschiffige Kirche mit vier Seitenkapellen, von denen allerdings nur zwei als solche genutzt werden. Das Kreuzschiff ist im Grundriss wenig ausgeprägt. Das Presbyterium ist auf Stufen erhöht und den Abschluss des Gebäudes bildet ein fein gearbeitetes Kreuzgewölbe.

Krone und Zepter der Königin Isabella und Zeremonienschwert des Königs Ferdinand. Drei Symbole, die trotz ihrer Schlichtheit an die mächtigste Monarchie im damaligen Europa erinnern.

Der Hochaltar ist ein weiteres Beispiel für den Triumph des künstlerischen Ausdrucks. Er wurde zwischen 1520 und 1521 von Bigarny geschaffen, ohne darüber den Beitrag anderer berühmter Künstler wie Berruguete und Jacobo Florentino und die Mitarbeit zahlreicher Kunsthandwerker zu vergessen. Das Gesamtwerk bietet ein vielschichtiges ikonographisches Programm religiösen und politischen Inhalts.

Über den Stufen des Presbyteriums erhebt sich der Hochaltar wie eine gewaltige Hintergrundkulisse, die den gesamten Geist und die Symbolik der Königskapelle auf sich vereint. Seine Struktur entspricht der Tradition dieser ikonographischen Werke. Von den Schnitzereien sind besonders die wiederholten Darstellungen von Johannes dem Täufer und Johannes dem Evangelisten (oben), die Schutzpatrone der Katholischen Könige, hervorzuheben sowie die Szenen, die die Wiedereroberung Granadas und die anschließende Taufe der konvertierten Mauren (rechts) darstellen. Bemerkenswert ist aber auch eine eventuelle Anspielung auf den Kaiser Karl V. in der Figur eines der heiligen drei Könige (rechts).

Der Reichtum im Inneren der Königskapelle ist an den zahlreichen Kunstwerken zu erkennen. Neben dem außerordentlichen kunsthandwerklichen Wert bot dieses Gitterwerk die Gelegenheit, den neuen Renaissancestil anzuwenden. Das Hauptgitter (Seite 200-201), ein Werk des Meisters Bartolomé, sticht nicht nur aufgrund seines ästhetischen Wertes hervor, sondern auch durch seine Funktion, den Raum zu gliedern.

Glücklicherweise wurde die Schlichtheit, die die Königin für ihr Grabmal vorgesehen hatte, nicht eingehalten. Ihr Gemahl Ferdinand ließ eine herrliche Marmorgruft errichten, um Ruhm und Ehre mit seiner Gattin zu teilen. Diese Gruft wurde von dem italienischen Bildhauer Domenico Fancelli in den Jahren von 1514 bis 1517 aus Carrara-Marmor gefertigt. Der obere Bereich des pyramidenartig aufgebauten Grabmals dient als Totenbett für die liegenden Körper des Königspaars.

Der Kenotaph bringt einige Neuerungen in die traditionelle spanische Grabbildhauerei ein. Einige der originellsten Elemente sind die erhöhte Lage des Totenbettes auf einem zweiten Körper, die herausragende Rolle der Seitenbereiche, die mit Greifen versehen sind, als handle es sich um die Vorhut der Nachtwache, oder die Aufnahme eines vielschichtigen ikonographischen Programms, in dem die Mythologie mit dem Christentum verschmilzt. Die für die florentinische Bildhauerei charakteristische Feinheit und Anmut sind sowohl an den Reliefs als auch an den freistehenden Figuren zu erkennen. Die Experten sind sich jedoch einig, dass der Künstler seine Höchstleistung bei der Modellierung des Kopfs von König Ferdinand erzielt hat. Diese Bildhauerarbeit weist eine formvollendete Schönheit und einen derartigen Naturalismus auf, dass sie als eine der wirklichkeitsnächsten Darstellungen des Monarchen gilt. Die Figur der Königin entspricht dagegen eher einem Klischee als der getreuen Wiedergabe ihrer persönlichen Charakterzüge.

Das Grabmal von Johanna der Wahnsinnigen, der Tochter der Katholischen Könige, und ihrem Gemahl, Philipp dem Schönen, ist bereits das Werk eines spanischen Bildhauers, Bartolomé Ordóñez. Die Bauart und Gestaltung dieses Grabmals sind jedoch eindeutig das Verdienst des ursprünglichen Künstlers. Die auffälligsten Neuerungen sind der senkrechte Verlauf des Unterbaus, die größere Erhöhung des Totenbetts, die Einführung eines Sarkophags als Basis für die liegenden Figuren und die Ersetzung der Greifen an den Seiten durch Satyre und Satyrinnen in gewagten Stellungen. Insgesamt bietet dieses Mausoleum eine viel größere Dynamik als das ausgeglichene, schlichte Grabmal der Katholischen Könige. Dies wird durch die Figuren erreicht, die mit erstaunlicher Detailtreue die Gesten und Gesichtszüge eines sich vor Schmerz windenden Laokoon (Satyr) wiedergeben, und durch das eigentümliche Schema des Kontrapunktes nach der Art Michelangelos (Hl. Andreas).

Möglicherweise bergen die Reliefs auf den Medaillons, die die vier Seiten schmücken, die formvollendetste Schönheit dieses Denkmals. Hervorzuheben ist auch das Raumkonzept dieser beinahe malerisch ausgeführten Kompositionen, in denen durch die Überlagerung verschiedener Ebenen und die geschickte Verwendung des „Sfumato" eine Luftperspektive erreicht wird.

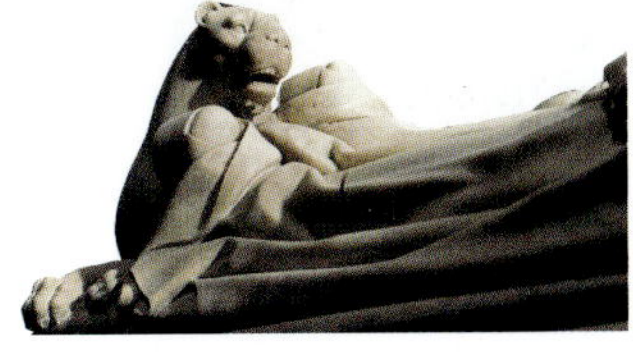

Unter diesen Zeilen vier Skulpturen, die zu den königlichen Grabmälern der Kapelle gehören. Die erste davon stellt den Hl. Augustin dar und ist ein Teil des Grabes der Katholischen Könige. Einen Gegensatz zur besonnenen Ruhe und dem Gleichgewicht dieser Figur bilden die folgenden drei Skulpturen: der Hl. Andreas, Johannes der Evangelist und Johannes der Täufer. Sie gehören alle zur Grabstätte von Johanna der Wahnsinnigen und Philipp dem Schönen.

Auf den Abbildungen oben und unten ist die unterschiedliche Konzeption der beiden Grabmäler zu erkennen. Oben, Satyrin und Putte in dem von Ordóñez entworfenem Grab. Unten, Greif in dem Grab von Fancelli.

Links und rechts, Skulpturen aus polychromiertem Holz, die die Katholischen Könige in betender Stellung zeigen. Sie werden Felipe de Bigarny zugeschrieben, aufgrund der stilistischen Ähnlichkeit mit einigen Figuren des Hochaltars, dessen Fuß sie einst schmückten, bis sie durch die Skulpturen von Diego de Siloé ersetzt wurden. Heute befinden sich beide Figuren im Museum der Kapelle, zu den Seiten des Triptychons der Leidensgeschichte (Seite 207, unten).

Bei der Malerei von Boticelli werden zumeist sein Sinn für Poesie, die idyllische Thematik und die kräftige Pinselführung hervorgehoben. Das Erstaunliche bei diesem Gebet am Ölberg ist jedoch die Komposition, die es vermag, den Betrachter ins Gemälde hineinzuziehen. Jesus tritt in den Hintergrund, als verzichte er auf die Hauptrolle zugunsten der drei auf dem Boden schlafenden Aposteln. Der mittlere dieser Apostel, eine gelungene perspektivische Verkürzung, fordert den Betrachter auf, sich durch die Öffnung im Zaun in den Garten hinein zu begeben. Dahinter führt ein kurzer gewundener Weg den felsigen Hügel hinauf. Dort materialisiert sich die Botschaft von Jesu Gebet, indem er den Kelch des Leidens annimmt.

Unter diesen Zeilen, Triptychon der Passion von Dieric Bouts, ein Teil des Altarwerks von Jacobo Florentino.

Dieses flämische Gemälde könnte als Paradebeispiel für die auffälligsten Merkmale dieser Schule gelten. So wären zu erst einmal das Gleichgewicht in der Komposition zu nennen, die Verwendung der Landschaft und Architektur zur Unterstützung der Perspektive und vor allem die exakte Behandlung der Kleider und Stoffe: dunkelblaues Gewand, Tunika aus Goldbrokat und roter Umhang für die Jungfrau, weißes Leintuch für das Jesuskind und als ergänzende Elemente ein mehrfarbiger Teppich und Kissen aus schwarzem und goldenem Brokat zu Füssen Marias.

Madonna mit dem Jesuskinde auf dem Thron, Hans Memling.

Die Dramatik, Form und Farbe dieses Gemäldes sind weitere Kennzeichen für die flämische Schule. Die gefühlsvolle Stimmung der Szene wird durch den effektvollen Einsatz der Hände unterstrichen, die die leidende Jungfrau und den Oberkörper Jesus umrahmen. Andererseits sind die Linien und Umrisse dank der präzisen Pinselführung und der reinen Farbgebung klar definiert.

Kreuzabnahme von *Rogier van der* Weyden.

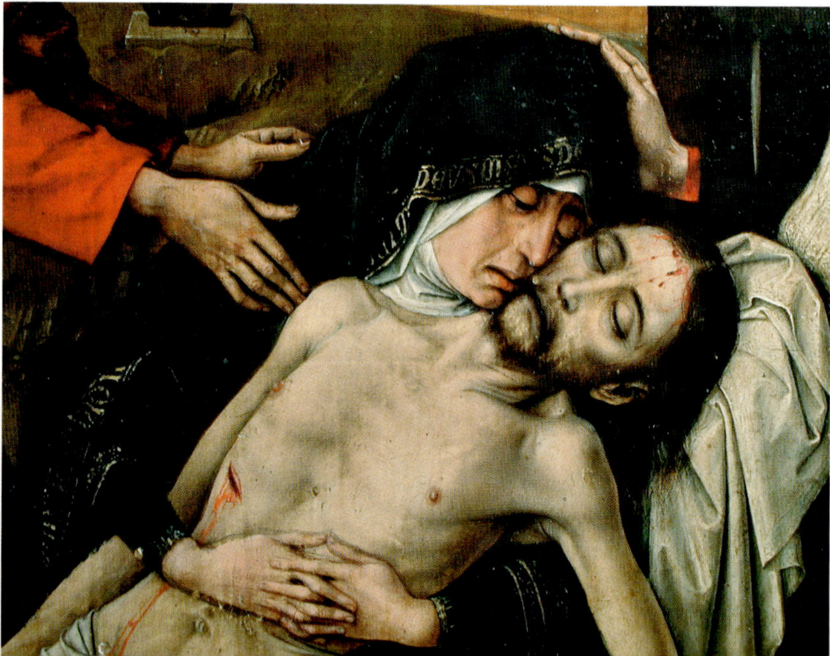

DIE RENAISSANCE-MALEREI

Über diesen Zeilen, Die Pietà von Hans Memling. Unten, Jesusbildnis von einem unbekannten, der Schule von Dieric Bouts nahe stehenden Künstler. Das erste Gemälde offenbart die Absicht des Malers, durch das Hervorheben der auffälligsten Details der Passion Christi die Dramatik zu steigern: die Wunden Jesu, wobei er selbst auf eine davon deutet, und die wichtigsten Personen und Gegenstände der Leidensgeschichte. Die Form und Härte der Falten im Leintuch verstärken die tragische Stimmung, die vom gesamten Werk ausgeht. Dieses Jesusbildnis wurde mehrfachen ungeschickten Restaurierungsarbeiten unterzogen. Dennoch ist es ein gutes Beispiel für die altniederländische Malerei.

Es ist nicht einfach die Merkmale einer so reichen und beweglichen Kunstrichtung, wie der Renaissance-Malerei herauszuarbeiten. Seit dem Werk von Giotto hat die Malerei innerhalb und außerhalb Italiens eine derartige Entwicklung und Verbreitung erfahren, dass man mit Bestimmtheit sagen kann, jeder Maler und Künstler, jeder Schöpfer und Neuerer habe seinen eigenen Renaissance-Stil entwickelt. Dennoch ist es möglich, einige Haltungen, Aspekte und Merkmale hervorzuheben, die als gemeinsame Bezugspunkte für das gelten können, was man allgemein unter Renaissance-Malerei versteht.

Die von den meisten Künstlern bevorzugten und benutzten Techniken sind das Fresko für die Wandmalerei und Öl auf Holz oder Leinwand für die Staffeleimalerei. Die Bemühungen um die Anordnung der Elemente im Werk, d.h. die Komposition, ist ein weiterer Aspekt, der das künstlerische Schaffen bestimmt. Ähnlich verhält es sich mit den perspektivischen Studien, der Bildtiefe und der Verwendung des dreidimensionalen Raums in einer Darstellung, die von einer einzigen Ebene ausgeht. Die Geometrie wird zu Hilfe gezogen, um anhand der Fluchtpunkte die so genannte Zentralperspektive zu schaffen. Später wird den Malern bewusst, dass etwas zwischen die Figuren dringt, je weiter sie sich im Raum entfernen: die Luft. So führt ein neuer Beitrag, das Sfumato, also das Verschwimmen der Formen, zum Triumph der Luftperspektive. Andererseits ist auch die Thematik der Werke von Bedeutung. Die religiöse Malerei hat Vorrang vor den weltlichen Motiven, was darauf zurückzuführen ist, dass die Macht der katholischen Kirche alle Lebensbereiche vollkommen durchdringt. Die aus der Bibel, den Evangelien und der Lebensgeschichte der Heiligen stammenden Motive sind schier unerschöpflich. Weltliche Themen kommen in historischen, mythologischen und allegorischen Szenen zum Ausdruck. Dazu kommt noch die Verselbstständigung des Porträts im Zuge des Individualismus des Augenblicks.

Form und Farbe spielen in der Renaissance eine unterschiedliche Rolle, dem jeweiligen Entwicklungsstand der Malerei entsprechend. Während das „Quattrocento" den Figuren mit präzisen, zeichnerisch klar definierten Umrissen ergeben ist, neigt sein direkter Nachfolger, das „Cinquecento", zur Dominanz der Farbe auf Kosten der Linie. Gleichzeitig sind der Naturalismus, Realismus und Idealismus drei Konzepte, die der Künstler in seinem Streben nach der Vollendung in seinem Werk unermüdlich verfolgt, wie es bereits in der Klassik der Fall war. So sind der menschliche Körper, seine Studie und Erforschung, sowie die plastischen Möglichkeiten eine Konstante jedes künstlerischen Ausdrucks. Auch das Naturelement Licht wird als unvermeidbares Element in das Werk eingeführt, allerdings mit unterschiedlichen Möglichkeiten, je nach Entwicklung der jeweiligen Stilrichtung. Anfänglich existiert das Licht nur im Geist und auf der Palette des Malers; es ist eine Idee, ein Konzept, ein weiteres Kompositionselement, das der Künstler nach seinem Gutdünken einsetzt. Mit der Zeit erhält es die Bedeutung, die ihm wirklich zukommt, entsprechend den Effekten, die es je nach Lichtquelle auf den verschiedenen Flächen hervorruft.

DIE KÜNSTLER AUS FLANDERN

Genau wie Italien erfuhren auch die Länder Nordeuropas ab dem 15. Jh. eine künstlerische Erneuerung. Es handelt sich um die Bewegung, die die einen als „nordische Renaissance" bezeichneten, während andere darin das Ergebnis vom Beitrag genialer Künstler sahen, die als die „altniederländischen Maler" bekannt wurden. Traditionsgemäß wurde mit Nachdruck darauf hingewiesen, dass die große Neuerung der flämischen Malerei in der Einführung der Öltechnik lag. Das ist zwar richtig, es war aber nicht die einzige Neuheit. Das Ölgemälde war schon länger bekannt. Bereits im 14.Jh. wurden Werke mit dieser Technik geschaffen. Die Unkenntnis im Hinblick auf die Möglichkeiten und die Schwierigkeiten bei der Anwendung dieser Malerei verzögerten jedoch ihren Durchbruch. Als dieser schließlich gelang, wurde die Kunst um eine Reihe von bislang unbekannten Vorteilen bereichert: die Lasurtechnik auf der Grundlage übereinander gelagerter, transparenter Farbschichten, die Tiefenwirkung dank der Transparenz des neuen Mediums, die zeichnerische Präzision durch die flüssige Konsistenz der Farbpaste, die Möglichkeit, Korrekturen vorzunehmen dank des langsamen Trockenvorgangs und neue viel wirklichkeitsnähere Licht- und Schatteneffekte, wobei das Licht glänzender und die Schatten weniger dunkel wirkten.

Zumindest anfänglich wurden religiöse Themen bevorzugt. Man könnte es als eine heimische Interpretation der Religion verstehen. Viele Szenen wurden in den Interieurs der typischen bürgerlichen Häuser Flanderns dargestellt. Bei den meisten Gemälden bestand die Tendenz, die Wände durch Säulengänge oder große Fenster zu durchbrechen, um durch diese Öffnungen hindurch Zentralperspektiven schaffen zu können. Um die Werke noch mehr dem Ambiente anzupassen, das die Maler selbst umgab, versahen diese ihre Szenen mit wirklichen Personen, die leicht zu erkennen waren. Auch daran zeigte sich der Triumph des bürgerlichen Individualismus, das Streben nach Individualität in einer Gesellschaft, die zunehmend vom Wettbewerb und der Konkurrenz beherrscht war. Hauptbegünstigter dieser Entwicklung war das Porträt, die Objektivität setzte sich durch und das für die Person charakteristische Aussehen und ihre besondere Kleidung wurden als Unterscheidungsmerkmal mit äußerstem Realismus ins Bild aufgenommen.

Ein derartiges Zugeständnis an den Realismus kann zu der fälschlichen Annahme führen, dass es sich hierbei um eine im Wesentlichen materialistische Malerei handle. Diesbezüglich sei darauf hingewiesen, dass die Beharrung auf den Details, die beinahe an die Genremalerei erinnert, nicht den Inhalt entkräftet, der teilweise mit einer starken, nicht leicht zu interpretierenden Symbolik durchtränkt ist.

Kreuzabnahme; Tafel des Triptychons der Passion von Dieric Bouts.

Die heiligen Frauen und der Hl. Johannes. Diptychon der Kreuzabnahme und der Hl. Frauen von Hans Memling.

Catedral

Die Fassade der Kathedrale von Granada öffnet sich zu einem kleinen, unwirtlichen Platz hin, der es nicht zulässt, sie in ihrer gesamten Größe zu betrachten. Eines ihrer herausragenden Merkmale ist, dass sie eine barocke Gestaltung aufweist und gleichzeitig die interne Struktur einer Renaissancekirche nach Außen kehrt. Dabei tritt an der Fassade auch die Symbolik zu Tage, die den architektonischen Rhythmus im Inneren der Kathedrale angibt: die Idee des Sieges, die in der systematischen Verwendung des Triumphbogens als Bauelement zum Ausdruck kommt. Es ist kein Zufall, dass ein Teil des Gebäudes auf den Resten der ehemaligen Hauptmoschee der maurischen Stadt errichtet wurde und nicht umsonst wird die Idee des Triumphes in der Inschrift auf der Tafel über der Puerta del Perdón (Tor der Vergebung) wiederholt: „Nach siebenhundert Jahren maurischer Herrschaft gaben diese Völker den Katholischen Königen beides (den Glauben und die Gerechtigkeit)“. Das Bauwerk wurde nach dem Plan errichtet, den Alonso Cano (1601-1667) entworfen hatte.

Fast ein Viertel Jahrhundert nach der Wiedereroberung Granadas war in der Stadt noch immer keine neue Kathedrale errichtet worden, die dem Triumph des Christentums entsprochen hätte. Die Gründe dafür waren zahlreich und jeder für sich hätte ausgereicht, um diese Verzögerung zu rechtfertigen. Einerseits stand der Bau der Königskapelle noch aus, ein vorrangiges Projekt aufgrund des Todes der Königin Isabella. Andererseits gab es nach dem langen Krieg um Granada finanzielle Schwierigkei-

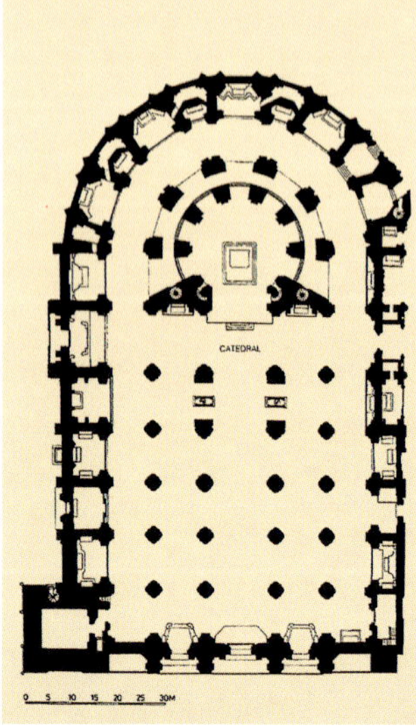

Am Grundriss der Kathedrale sind ein neues Raumkonzept und der ideologische Ausdruck des Augenblicks zu erkennen. Der zentrale Grundriss des Chorhauptes ist in Verbindung mit dem Heiligen Grab in Jerusalem und dem kaiserlichen Projekt zu sehen, hier die königliche Gruft zu errichten. Der basilikale Grundriss ist der römischen Welt entlehnt, von deren Wiederherstellung Karl V. träumte, um seine ersehnte „Universitas Christiana“ zu errichten.

ten und schließlich zogen neue politische Projekte (Italien und das Kaiserreich) die Aufmerksamkeit der Regierenden auf sich.

Außerdem darf man nicht vergessen, dass die christliche Bevölkerung Granadas direkt nach der Wiedereroberung noch nicht zahlreich genug war, um einen so bedeutenden Bau wie eine Kathedrale zu rechtfertigen, und auch die allmähliche Bekehrung der granadinischen Mauren nicht gerade dazu beitrug. Die Absicht der Machthaber, Granada die Gründung einer Kathedrale zu gewähren, stand jedoch von Anfang an fest (päpstliche Bulle vom Mai 1492). Bis das Projekt des Kathedralenbaus endlich Gestalt annahm, musste das Gotteshaus in verschiedenen Gebäuden untergebracht werden. Zunächst in der Hauptmoschee der Alhambra, anschließend im Franziskanerkloster und zuletzt in der Hauptmoschee der Stadt, die unter Anrufung der Maria de la O wieder in Kir-

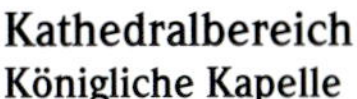

Kathedralbereich
Königliche Kapelle

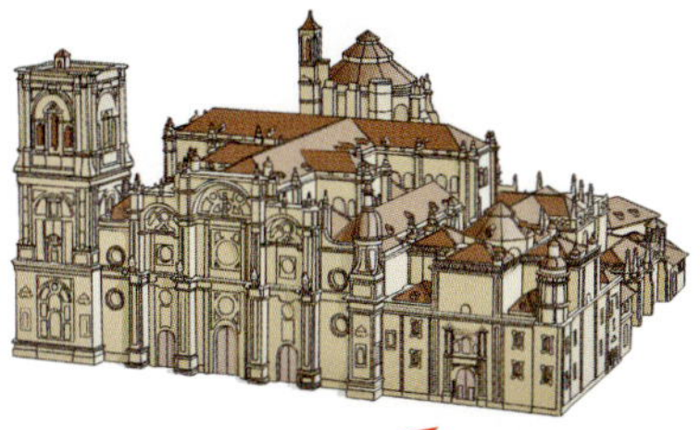

Iglesia del Sagrario, ehemalige Hauptmoschee

che umgewandelt worden war. So ging es, bis schließlich im Jahre 1518 die Errichtung einer neuen Kathedrale genehmigt wurde. Die Zeremonie der Grundsteinlegung fand jedoch erst am 25. März 1523, einunddreißig Jahre nach der Wiedereroberung, statt. Von diesem Datum bis zum Jahre 1704, in dem die Arbeiten endgültig als beendet galten, verstrichen 181 Jahre, also fast zwei Jahrhunderte. Mehr als genug Zeit für den Bau, von den zahlreichen Wechselfällen der Geschichte zu profi-

Über diesen Zeilen eine weitere interessante Ansicht: der auffällige Kontrast zwischen den Säulen im Renaissancestil und dem Kreuzgewölbe gotischen Ursprungs. So erstaunlich ist dieser Umstand aber gar nicht. Als Abschluss der Kirchenschiffe hatte Diego de Siloé ein Rippengewölbe vorgesehen, allerdings im „römischen Stil", wie es in den Kapellen der Apsis und den sieben Bögen, die den Chorumgang mit der Mittelrotunde verbinden, zu sehen ist. Es ist offensichtlich, dass die Nachfolger sein Konzept des Rippengewölbes verdorben haben.

tieren. Die bedeutendste dieser Wandlungen rief eine wahre Metamorphose des Gebäudes hervor: den Übergang von einem gotischen Grundriss zu einem Aufriss im Renaissancestil. Heute kann der größte Experte der Kathedrale, Professor Rosenthal, vollkommen zufrieden stellend nachweisen, dass Diego de Siloé die Arbeiten, die bis 1528 unter der technischen Leitung des gotischen Architekten, Enrique Egas und

seinem Baumeister, Sebastián de Alcántara, standen, verwarf und einen neuen bereits im triumphierenden Renaissancestil inspirierten Bauplan schuf.

Der große Meister Siloé leitete die Arbeiten bis zu seinem Tod im Jahre 1563. Ihm folgte eine lange Liste von insgesamt siebz hn Architekten. Bis auf Alonso Cano kam jed och keiner von ihnen an den Meister heran. So mancher landete sogar im Gefängnis wegen nachgewiesener Unfähigkeit. Bei so vielen Baumeistern ist es also nicht verwunderlich, dass die Kathedale die verschiedensten Alternativen und Lösungen aufweist.

Auf den ersten Blick bietet der Innenraum der Kathedrale bereits eine interessante Vielfalt an Stilmerkmalen. Die Fotografie auf den Seiten 212-213 zeigt die überwältigende Rolle, die dem Kalk in der Innengestaltung der Kathedrale zukommt. Man weiß, dass die Kirche 1703 weiß getüncht wurde, über die Gründe dafür ist jedoch nicht allzu viel bekannt. Möglicherweise wollte man die Unebenheiten des Steins mit der Kalkschicht bedecken, oder die Säulen und Wände sollten für einen späteren Überzug mit Blattgold vorbereitet werden. Es wäre aber auch denkbar, dass die weiße Farbe bereits im anfänglichen Projekt als Mittel vorgesehen war, die räumliche Helligkeit und Transparenz zu erzielen, die Diego de Siloé so rühmte.

Unten, Trompetengewölbe, an dem die Verzenung der Kassetten zu erkennen ist, die trotz ihrer Unregelmässigkeit den Regeln der Klassik entsprchen

Links, Innenbereich der Kirche San Pedro de Rodas mit einer ähnilchen Lösung, die Siloé wohl auf seiner Italienreise kennen lernte.

Neben ihrer unbestreitbaren Ästhetik ermöglicht diese Perspektive neue Überlegungen zu den zahlreichen künstlerischen Werten der Kathedrale von Granada. Einerseits wären da die Säulen zu nennen, die zweifellos an die italienische, von Bernadro Rosellino geschaffene Kathedrale in Pienza (1460) erinnern. Sie überraschen durch ihre Eleganz und den Eindruck von Schlankheit, den sie trotz ihres wuchtigen Umfangs von fast vier Metern hervorrufen. Dazu kommt die großzügige Säulenweite, die den Bau derartig auflockert, dass das Konzept eines einzigen Raums das herkömmliche linear geprägte Raumkonzept der Romanik und Gotik übertrumpft. Im Gegensatz zu der Längsausrichtung, die die Aufmerksamkeit der Gläubigen unweigerlich auf den Hochaltar lenkt, hat der Besucher hier die Möglichkeit, seinen Blick in viele Richtungen schweifen zu lassen. Dieses Konzept hat Diego de Siloé Brunelleschi zu verdanken, der sein Konzept der räumlichen Gleichsetzung bereits in den Kirchen von San Lorenzo (1422) und Santo Spirito (1436) in Florenz verwirklicht hatte.

Weiter vorne wurde auf die Helligkeit hingewiesen, die die weißgetünchten Wände dem Innenraum verleihen. Diese bedingungslose Hingabe an die Werte der Reinheit wird noch deutlicher, wenn man bedenkt, wie viel Licht durch die Zumauerung der zahlreichen Fenster, wie auf der Fotografie zu erkennen ist, verloren ging. Von den fast einhundertfünfzig Öffnungen, die Siloé vorgesehen hatte, haben spätere Architekten praktisch die Hälfte geschlossen. Wäre dies nicht geschehen, so hätte die Symbolik des mit seiner Reinheit alles überflutenden göttlichen Lichts hier ihren irdischsten Ausdruck erzielt. In gewisser Weise war dieses Verhalten eine Fortsetzung der geistigen Ideale, die von der vorangehenden gotischen Architektur vertreten wurden. Nun aber war die Kirche nicht mehr nur ein Ort der Meditation und gottesfürchtigen Buße, jetzt fanden hier auch Freude und Hoffnung ihren Platz, dank einer neuen Religiosität, die Gott vielmehr als liebenden Vater denn als unerbittlichen Richter sah. Zuletzt sei darauf hingewiesen, dass Diego de Siloé ein treuer Verfechter der Renaissancearchitektur war, die von so bedeutenden Abhandlungen wie den Postulaten Albertis getragen wurde. Auf dem Bild ist die große Vielfalt an Konzepten zu erkennen wie Harmonie, Zahl, Proportion und Geometrie. Schließlich und endlich sollte die Essenz der klassischen Antike wieder gewonnen werden, wobei die Architektur durch die gekonnte Anordnung ihrer Elemente zum Mittelpunkt wurde.

DIE LÖSUNGEN VON SILOÉ

Der größte Verdienst von Diego de Siloé liegt vielleicht in seiner Fähigkeit, sämtliche bis zu diesem Augenblick entwickelten architektonischen Kenntnisse in einem einzigen Gebäude harmonisch einzubringen. Die folgenden Seiten bieten ausgewählte Beispiele seiner Arbeit. Zunächst stand er vor dem Problem, die ungeheuere Höhe des Gebäudes mit den klassischen Proportionen in Einklang zu bringen. Diesen Regeln zufolge war die Höhe der Pfeiler und Säulen durch ihren Durchmesser festgelegt. Hätte man dieses Prinzip in der Kathedrale eingehalten, so wäre die Einführung einer riesigen Säulenordnung erforderlich gewesen, die die zweite große Prämisse der Renaissance unmöglich gemacht hätte: den offenen Raum. Auf dem Schema links ist die vom Meister geschaffene Lösung deutlich zu erkennen. Bei den Pfeilern folgt er dem Modell eines römischen Tempels: Plinthe, Basis, Schaft, Kapitell und Sims. In diesem Sinne nutzt er jedes einzelne Dekorationselement, um die klassische Architektur zu unterstreichen und verwendet stark horizontal ausgeprägte Kranzgesimse. Zur Überbrückung des Abstands zwischen Sims und Gewölbeanfang führt er ein neues Element ein: die Attika, die ihrerseits aus Basis und Pilaster besteht und rein strukturelle Funktionen erfüllt. Die Theorie, nach der dieses zusätzliche Element im oberen Bereich der Moschee von Córdoba inspiriert ist, erfreut sich einiger Beliebtheit.

En la página anterior: vista del segundo cuerpo con nuevo plinto y pilastras.

Das untere Schema zeigt die gelungene Kombination zwischen den Neuerungen der Renaissance und dem Fortbestehen der gotischen Tradition. Einerseits wurde die Kuppel von ihrem gewöhnlichen Ort, dem Kreuzschiff, zur Apsis hin verschoben. Diese Entscheidung wurde möglicherweise durch zwei Umstände beeinflusst: das misslungene Projekt, die Königsgruft im Chorhaupt zu errichten und die deutliche Absicht, den Hauptaltar mit möglichst viel Tageslicht zu versorgen. In beiden Fällen sollte der Stellenwert dieses Raums innerhalb der Kathedrale durch die Beleuchtung hervorgehoben werden

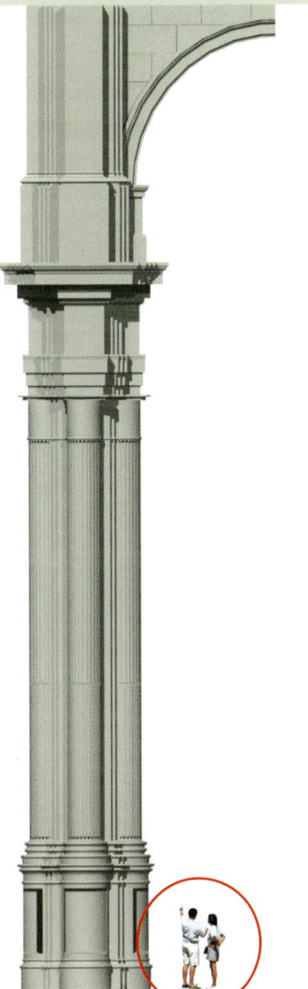

Menschen zum Grössenvergleich

Andererseits zeigt das Schema deutlich die Verwendung der aus dem Mittelalter stammenden Strebebauweise. Dieser Bauart liegt die Idee zugrunde, dass die Stabilität des Hauptkörpers umso größer ist, je besser den Kräften, die die Mauern auseinanderdrücken, entgegengewirkt wird, was durch die Verwendung von Strebepfeilern und -Bögen erreicht wurde. Um eine Verbindung zwischen diesen Elementen herzustellten, wurden Fiale eingesetzt, die die dynamische und symbolische Funktion eines Nagels erfüllen. Wie auf der Abbildung zu erkennen ist, werden die durch den kolossalen Zylinder des Chorhauptes hervorgerufenen seitlichen Kräfte durch die Abstufung abgeschwächt.

Bei der gotischen Architektur bildete der Hochalter den natürlichen und logischen Abschluss des Mittelschiffs. In der Renaissance bestand dieses Schema teilweise weiter, es wurde aber auch der Zentralbau eingeführt und beide Möglichkeiten überlagerten sich. Wie wir bereits gesehen haben, hat auch Siloé es gewagt, beide Schemen, das basilikale und das zentrale, in ein und demselben Gebäude anzuwenden, allerdings auf eine andere Weise. Er verschob den zentralen Grundriss ans Ende des Schiffs, so dass keine Überlagerung der Grundrisse sondern eine Aneinanderlegung entstand. Dabei sah er sich der Schwierigkeit gegenüber, beide Räume harmonisch miteinander zu verbinden, ohne die Einheit des Gebäudes zu zerstören. Es bot sich eine Öffnung des Zylinders im Kontaktbereich mit dem Mittelschiff an, wodurch die Kuppel jedoch einen Großteil ihrer Stützfläche einbüßte. Für dieses Problem schuf Siloé eine ebenso neuartige wie eindrucksvolle Lösung: er entwarf einen riesigen Bogen (Seite 218), der in seinem Mittelbereich gekrümmt und verengt werden musste, um ihn dem Umfang der Kuppelbasis anzupassen. Diese „Verformung" kann jedoch vom Mittelschiff aus (Seite 219) nicht wahrgenommen werden. Der Bogen muss ungefähr ein Drittel vom Gewicht des Gewölbes tragen, und das trotz der Verengung, die er zum Schlussstein hin erfährt. Dieser Hauptbogen ist von zwei kleineren seitlichen Bögen umrahmt, in denen zwei der Seitenschiffe enden. Auf diese Weise entsteht ein dreiteiliger, in der gesamten Kathedrale vorherrschender Rhythmus, der den Raum des Kreuzschiffs in einen wahren Triumphbogen verwandelt.

Und hier eine infographische Darstellung mit dem Vertikalschnitt des Rundbaus. Hier ist die Stärke der Strebemauern zu erkennen, die die Seitenkräfte des Zylinders und der Kuppel direkt tragen. Das Mauerwerk ist von Gängen und Korridoren durchzogen, die als Grabstätten für die sterblichen Überreste der Monarchen dienten.

Die für die Gotik typischen freien Strebepfeiler wurden durch die überdachten Pfeiler des Chorumgangs und der Kapellen ersetzt.

Das Bild rechts wurde vom Boden aus im 180°-Winkel aufgenommen. Das Blickfeld entspricht dem des menschlichen Auges und es zeigt die perfekte Gestaltung des Hauptbogens sowie den scharfen Kontrast zwischen der klassizistischen Struktur des Rundbaus und dem altertümlichen Stil der Sternengewölbe.

Betrachtet man den sich zum Rundbau hin öffnenden Hauptbogen vom Mittelschiff aus, sind die auf der anderen Seite eingesetzten Verbindungslösungen nicht zu erahnen.

Die Fotografie rechts zeigt die bereits besprochenen Eigenschaften des Hauptbogens (Krümmung, Verengung und Kontaktbereich mit der Kuppelbasis). Das Wichtigste dieser allgemeinen Perspektive ist jedoch das perfekte Zusammenspiel zwischen dem Zentralbau und dem basilikalen Bau.

S. GREGORIVS S. AMBROSIVS
S. HIERONIMVS AGVSTINVS

La puerta del Perdón. Tor der Vergebung

Dieses Tor gehört zum linken Arm des Querschiffs, das Tor des anderen Arms öffnet sich im Inneren der Kathedrale zur Königskapelle. Durch diese Verbindung zwischen Kathedrale und Kapelle wird über das Seitenschiff eine Achse, eine Art Dialog zwischen der Königsgruft und der Puerta del Perdón hergestellt. Aus diesem Grund erscheint über dem Hauptbogen des Tores eine Inschrift, die auf die Wiedereroberung Granadas durch die Katholischen Könige anspielt (Seite 211) und aus dem gleichen Grund ist auf dem linken Strebepfeiler der Adler mit dem königlichen Wappen zu sehen. Gleichzeitig war aber das große Projekt des Kaisers Karl V., in der Kathedrale die königliche Gruft zu errichten. Daher musste ein neues Element hinzugefügt werden, das die enge Verbindung zwischen dem Kaiserreich und der katholischen Religion, die Karl V. erbittert vertrat, symbolisierte. Die Antwort auf diese Forderung ist der zweiköpfige Adler der Habsburger, der in den Strebepfeiler auf der anderen Seite gehauen ist.

Das Portal macht außerdem die Krise der Renaissance und die so genannte „Ausschöpfung der Stilrichtungen" deutlich. Die stilistischen Unterschiede zwischen dem von Siloé errichteten unteren Bereich und dem von Ambrosio de Vico (1575-1614) abgeschlossenen oberen Bereich sprechen für sich.

Vom strukturellen Gesichtspunkt aus entspricht die Puerta del Perdón dem Schema eines Triumphbogens, das das gesamte Gebäude beherrscht. Sie sollte als Grundlage für ein ikonographisches Programm dienen, das niemals verwirklicht wurde. Die zahlreichen leeren Mauernischen lassen die Absicht erkennen, dass dort eigentlich symbolträchtige Bildhauerwerke eingefügt werden sollten, um den religiösen Raum mit der Machtpropaganda, die auf der Mitteltafel gezeigt wird, zu vereinen. Diego de Siloé arbeitete an diesem Portal von 1535 bis 1538. Das Ergebnis ist ein wertvolles Bildhauerwerk, in dem die elegant modellierten Allegorien des Glaubens und der Gerechtigkeit mit der feinen, minuziösen Bildhauerarbeit der Tiere und Pflanzen an den Grotesken vermischt ist. Die Dekoration umfasst den gesamten verfügbaren Raum, einschließlich der Portaleinfassungen und der Bogenlaibungen. Das Gleiche war für die oberen Bereiche vorgesehen, aber die Nachfolger Siloés berücksichtigten sein Projekt nicht, zumindest nicht in seiner Gesamtheit. So nahm Ambrosio de Vico 1610 den zweiten Bereich in Angriff, wobei er die gleiche architektonische Struktur beibehielt, ihn jedoch der ornamentalen Fülle entledigte. Dieser Mangel an Dekorationselementen wird noch deutlicher, wenn man berücksichtigt, dass das Relief der Inkarnation, das für den Mittelbereich unter dem Bogenfeld vorgesehen war, nicht ausgeführt wurde. Auch die Figuren des ikonographischen Programms (der ewige Vater in der Mitte und David und Jesaja in den Bogenzwickeln daneben) besitzen nicht die für Siloé charakteristische Kraft und Plastizität. Schließlich kündigt der Abschluss dieses zweiten Bereichs mit dem durchbrochenen Giebel und dem Rollwerk den unmittelbar bevorstehenden Einzug des Barocks an.

Diese beiden prächtigen Figuren stellen die Büsten von Adam und Eva dar und befinden sich an den Einfassungen des Hauptbogens der Kathedrale. Es sind die letzten Skulpturen von Alonso Cano, mit denen er möglicherweise das ikonographische Programm zur Schöpfung des Menschen im Altarraum beginnen wollte. Ihre Blicke, ein formales Mittel zur Vermeidung der Frontalansicht, fordern die Gläubigen auf, die Aufmerksamkeit auf den heiligsten Ort der Kathedrale zu richten, den Tabernakel.

Wie knapp man auch versucht, die Glasfenster im Altarraum zu beschreiben, so kann man sich doch der Komplexität der Assoziationen, die sie hervorrufen, kaum entziehen. Zum einen sind sie wertvolle Repräsentanten eines Stils, der in Granada während der Renaissance kaum bzw. kaum noch vertreten war.

Es handelt sich dabei um die einzige gültige Referenz dieser künstlerischen Ausdrucksform mit Ausnahme der wenigen Exemplare in der Kirche San Jerónimo. Andererseits hat jedes dieser 24 Glasfenster von sich aus einen Eigenwert, sodass sie nicht als bloße architektonische Zusatzelemente eingestuft werden können. In diesem Sinne ist eines der herausragendsten stilistischen Elemente dieser Glasfenster ihre malerische Qualität. Es ist, als handle es sich um großformatige Malereien, die anstatt auf die Leinwand auf Glas aufgebracht wurden. Die zeichnerischen Elemente, Farbe, Komposition, Perspektive und Licht sind es, die den Glasfenstern die besagte Plastizität verleihen.

Des Weiteren stellt sich die Frage nach dem Raum, den die Glasfenster innerhalb der Gesamtorganisation des Gotteshauses einnehmen. Zweifellos war es der Architekt Diego de Siloé selbst, der veranlasste, dass der

Über diesen Zeilen: zwei Ausschnitte aus dem „Kommen des Heiligen Geistes". Im Gesicht dieses Apostels wurde vielfach eine Darstellung Karls V. vermutet. Links: „Die Festnahme Jesus" und „Die Geißelung"..

Altarraum mit den Glasmalereien ausgeschmückt werden sollte, die er sogar persönlich entwarf. Dafür gibt es zumindest drei Gründe. Der erste ist die schwerwiegende Tradition, die die Glasfenster zu unersetzlichen Elementen für die Schaffung farbiger Lichteffekte machte. An zweiter Stelle stand die Notwendigkeit, das Chorhaupt ausreichend zu beleuchten, das als Referenzpunkt des gesamten Gotteshauses dient, als Allerheiligstes und Aufbewahrungsort des Tabernakels. Dafür sollte aber nicht das von außen einfallende natürliche Tageslicht eingesetzt werden. Dies könnte auch die Erklärung dafür sein, warum für die Fenster in den Schiffen nur farbloses Glas verwendet wurde: um das Licht in diesen Bereichen klar zu unterscheiden vom Licht im Chorhaupt. Der dritte Faktor ist die Tatsache, dass ein geeignetes Medium für die Entfaltung der Ikonographie gebraucht wurde. In diesem Zusammenhang ist nicht zu vergessen, dass sich die traditionell zur Lehre des christlichen Glaubens verwendeten Instrumente dem Ende zuneigten. Auf das frühzeitige Verschwinden der Fresken und Wandmalereien folgte die Beseitigung jenes gewaltigen Reichtums an Figuren und Szenen, der die Stirnbögen und Bogenfelder der Portale schmückte. So war es schließlich das Retabel, das die alte Tradition erbte, die christliche Lehre durch Bilder zu übermitteln. Die herrlichen Glasfenster, die den Altarraum der Kathedrale von Granada einfassen, erfüllen diese Mission auf außerordentliche Art.

Daher ist das Retabel des Hochaltars der Ort, an dem sich logischerweise die gesamte Macht der Bilder zusammenballt.
Ein weiterer nicht zu unterschätzender Aspekt ist die Symbolik. In diesem Bereich existiert ein schier unerschöpflicher Bestand an Möglichkeiten, die von den Experten hinreichend dargelegt wurden. Die Tatsache, dass sich die ikonographischen Themen mit dem Leben, Leidensweg und Tod Christi befassen, hat dazu geführt, dass einige Stimmen das durch die Fenster einfallende Licht mit der Evangeliumsbotschaft „Ich bin das Licht der Welt" in Verbindung bringen. Für wieder andere zeigt sich hier der Sieg über den Tod. So ließe sich die Nutzung dieses Raums erklären, der eigentlich als Pantheon dienen

Unterhalb der Glasfenster befindet sich im Halbdunkel ein Gemäldezyklus von Alonso Cano zum Leben der Jungfrau Maria, der „einzigartig in der Geschichte der spanischen Malerei" ist. Dabei handelt es sich um ein neues ikonographisches Programm, das Raum, Einheit und Symbolik mit den genannten Fenstern gemein hat. Es gibt zahlreiche Gründe, die die Präsenz der Marienthematik im Chorhaupt der Kathedrale rechtfertigen. Zum einen scheint es, dass Siloé schon plante, diesen Raum den Marienszenen zu widmen, dabei allerdings nicht an die Malerei sondern an die Bildhauerei als Medium dachte. Die Tiefe der Bögen lässt darauf schließen, dass sie mit Skulpturengruppen oder Reliefs versehen werden sollten anstelle der Gemälde. Ein weiterer Grund für diesen Zyklus über das Leben der Jungfrau Maria liegt im Widmungsnamen der Kirche selbst, La Encarnación (Inkarnation). Es ist kaum ein Zufall, dass das Hauptgemälde diesem Mysterium gewidmet ist. Und schließlich sind das Leben, der Leidensweg und der Tod Christi nur im Zusammenhang mit der zentralen Rolle seiner Mutter zu verstehen. Selbst über seinen Tod hinaus erhebt sie sich zur Mittlerin zwischen ihrem Sohn und der Menschheit. Dies könnte der Grund dafür sein, dass die Gemälde zwischen dem Triumph Christi ganz oben im Rundbau und dem irdischen Tempel im unteren Bereich placiert sind. Der geniale Darsteller der Jungfrau in der Kathedrale war Alonso Cano. Ab 1652 widmete er ihr 1652 seine letzte Lebensphase. Sein Werk ist durchtränkt von einem starken Klassizismus und in jedem dieser sieben Gemälde hat er eine Kombination aus Wuchtigkeit, Rührung und Frömmigkeit geschaffen (links: Immaculata). Mit derselben Meisterhaftigkeit vollbrachte er die unvergleichliche Holzskulptur in der Sakristei (links).

sollte. Ohne diesen Theorien ihre Gültigkeit nehmen zu wollen, sollte man auch nicht vergessen, dass der beste Schlüssel für eine scheinbar komplizierte Erklärung oftmals sehr schlicht sein kein.

Zuletzt wären noch die Urheber dieses verdienstvollen Werkes zu nennen. Es handelt sich um zwei flämische Künstler, deren hispanisierte Namen Teodoro de Holanda und Juan del Campo lauten. Ersterer führte den gesamten Zyklus der Doppelfenster aus, während sich Juan del Campo der oberen Fensterreihe widmete. Obwohl beide Künstler stilistische Unterschiede aufweisen, sind diese auf die Distanz kaum auszumachen, denn beide eint nicht nur die Thematik, sondern auch die ähnliche Plastizität.

DIE FASSADE

Diese Fassade entspricht nicht der allgemeingültigen Vorstellung vom Barock, umso weniger da sie 1667 entworfen wurde. Ein Zeitpunkt, zu dem sowohl Bernini als auch Borromini bereits die bahnbrechenden Regeln des neuen Stils aufgestellt hatten: Raumillusionismus, Bewegung, Kurve, Gegenkurve, Dynamismus usw. Auch hier in der Gestaltung dieser Fassade zeigt sich wieder einmal die ausgeprägte klassizistische Neigung Alonso Canos. Anstatt ein vom Gotteshaus vollkommen entfremdetes Portal zu entwerfen, wie es bei vielen anderen so genannten Vorhangfassaden häufig der Fall war, versuchte er, ihr denselben Stil zu verleihen, wie der übrigen Kathedrale. Daher wird der dreiteilige Durchbruch, der Triumphbogen insgesamt, zum unmittelbaren Bezugspunkt, durch den die Kathedrale ihre Längsschiffe nach außen hin öffnet. Angesichts des Endergebnisses stellt sich die Frage, welche Elemente abgesehen von chronologischen Faktoren, dazu beitragen, dass dieses Werk dem Barock zugeschrieben werden kann. In diesem Sinne wäre das zickzackförmige Oberlicht zu erwähnen, das vielfach imitiert wurde. Aber auch die Verwendung der Dekorationselemente und die brüske Ausprägung des Kranzgesimses, die einen starken Kontrast zu den drei senkrechten Portalen und dem benachbarten Turm bildet. Dazu kommt das durch die Tiefe der Bögen verursachte Chiaroscuro. Trotzdem handelt es sich um eine Gestaltung, die tief in der mittelalterlichen und klassischen Tradition wurzelt und daher keineswegs modern ist.

Die Graphik rechts zeigt eine Nachempfindung von Diego de Siloés Entwurf für die Fassade der Kathedrale. Daraus ist zu ersehen, wie sehr sich sein Nachfolger Alonso Cano an seine Vorgabe hielt, indem er sich für eine Lösung entschied, die kaum vom Original abweicht. Nur der unvollendete Turm links und sein Zwillingsbruder, der nie erbaut wurde, überschatten die Annäherung der heutigen Fassade an Siloés Vorstellungen.

Granada

Auf diesem Foto ist gut zu erkennen, wie Granada dominiert ist von dem gigantischen Bergmassiv der Sierra Nevada und von den nicht weniger imposanten Umrissen der Alhambra. So war es von je her, während des gesamten historischen Werdegangs der Stadt und auch in der heutigen Zeit hat sich nichts daran geändert. Es ist als wollte die Natur, die über alle Maßen verschwenderisch ist, an diesem Ort mit den Palastbauten der Nasriden wetteifern, um jeden weiteren der zahllosen Schätze dieser Stadt in den Schatten zu stellen. Daher müssen bestimmte Orte, Baudenkmäler und Stadtlandschaften hier unbedingt erwähnt werden, ohne die der Stadt zweifellos etwas fehlen würde. Auf den folgenden Seiten werden wir dieser Absicht nachgehen und eine interessante Reise vom Stadtzentrum bis in die Außenbezirke unternehmen, bis hin zu den wichtigsten Orten in der Provinz.

Diese Bilderfolge ist ein perfektes Beispiel dafür, dass sich der Einfluss der islamischen Tradition weit über die Alhambra hinaus erstreckt.

Das Panoramabild oben vereint jene Gebäude auf sich, die einst zu Vorstadtvierteln mit so wohlklingenden Namen wie „La Almanzora", „La Churra" und „El Mauror" gehörten, aber auch erste Ausläufer des eindrucksvollen Viertels Albaycín, das direkt gegenüber von der Maurenfestung liegt.

Darauf folgen zwei Ansichten der Gassen in der Alcaicería. Was heute ein wahrer Anziehungspunkt für den Fremdenverkehr ist, war einst der zentrale Umschlagplatz für die granadinischen Seidenhändler.

Zuletzt die Kuppel des Gebetsraums in der Madraza, das einzige Element, das von der ehemaligen maurischen Universität übrig geblieben ist. Ihre Präsenz mitten im historischen Stadtkern ist eine weitere Bereicherung für diesen einzigartigen Schmelztiegel der Kulturen.

Kuppel der Madraza der ehemaligen arabischen Universität, die Jususf I im 14.Jh. gründete. Es sind auch noch Reste des Gebetsraums erhalten.

EIN RUNDGANG DURCH DEN HISTORISCHEN STADTKERN

Die Plaza Bibrambla (rechts) ist einer jener typischen Knotenpunkte, ohne die einer Stadt etwas fehlen würde. An dem Platz treffen zahlreiche Verkehrsadern aufeinander, die sich durch ein Gewirr von Gassen und Ecken winden. Seit Jahrhunderten wird er vom Turm der Kathedrale wie ein treuer Gefährte bewacht. Der Platz wurde aber schon viel früher von anderen Kulturen genutzt. Geschichtsschreiber und Volksmund wetteifern mit ihren Berichten um die wildesten Begebenheiten, die sich in der Umgebung zugetragen haben: Auseinandersetzungen zwischen den legendären maurischen Adelsgeschlechtern der Abencerragen und Zegries, Lanzenstechen und Turniere, brutale Hinrichtungen durch die Inquisition, Bücherverbrennungen, Stierkämpfe, Sakramentsaltäre zu Fronleichnam… ein ausladender Hof zur gemeinsamen Erheiterung….Ein berühmter Sohn der Stadt Granada schrieb einst, „Bibarrambla vereint die gesamte Geschichte Granadas auf sich“. Doch „das einzige, was von ihr geblieben ist, ist der Himmel, der sie überspannt“.

Plaza de Bib Rambla. Im Hintergrund: Erzbischöflicher Palast und Turm der Kathedrale.

Unweit von diesem Platz befindet sich ein interessantes Baudenkmal aus der Epoche der Nasriden, das als „Corral de Carbón“ bekannt ist (Bilder rechts und unten). Dabei handelt es sich um eine ehemalige *Funduq*, eine Herberge für Händler. Das Gebäude, das aus der ersten Hälfte des 14.Jh. stammt, ist das einzige seiner Art in ganz Spanien. Selbst ähnliche Bauwerke außerhalb des Landes können sich weder mit seiner Größe noch mit seinem Erhaltungszustand messen. Ab Beginn des christlichen Zeitalters war es zahlreichen Wechselfällen der Geschichte ausgesetzt. Es wurde zur Unterkunft für Kohlenhändler, Theaterhof und zuletzt zum Mietshaus, dessen Bewohner es an den Rand des Abbruchs trieben, sodass es nur durch aufwendige Restaurierungsarbeiten Anfang des 20.Jh. praktisch vollkommen wiederhergestellt werden konnte.

Kreuzung Gran Vía de Colón - Reyes Católicos an der Plaza Isabel la Católica. Im Hintergrund zwei architektonische Schmuckstücke vom Beginn des 20.Jh.. Im Zentrum Benlliures Denkmal aus dem Jahre 1892, das die Unterzeichnung der Kapitulationsverträge verewigt.

Unten, Teilansicht der Plaza Nueva mit der bezaubernden Kirche Santa Ana links und der Torre de la Vela oben auf dem Hügel. Im Anschluss: die Fassade der königlichen Staatskanzlei.

Die Flusspromenade
Carrera del Darro

Unten: die Carrera del Darro mit dem Kloster Convento de Zafra und der Kirche San Pedro.

La Casa de Castril, (Archäologisches Museum)

Es scheint als habe das Erscheinungsbild dieses Ortes kaum Veränderungen durchlebt. Dies trifft zwar auf die nicht allzu ferne Vergangenheit zu, nicht aber auf die Epoche der Wiedereroberung. Das linke Flussufer erfuhr die meisten Wandlungen. Bis ins 19.Jh. blieb es so erhalten, wie es einige Romantiker in ihren Schriften und Stichen festhielten: ausladende Holzvorbauten, üppige Obst- und Gemüsegärten, breite Fensterbänder im kastilischen Stil, Gebäude im Mudéjarstil... Trotz der zahlreichen Veränderungen hat sich das Flusstal die Ursprünglichkeit seines Kulturerbes erhalten. Von ihrem Ausgangspunkt angefangen ist die Carrera del Darro gesäumt von einer Vielzahl historischer Gebäude, in denen die maurische und christliche Geschichte vermischt ist. Auf eine Reihe von Adelspalästen folgt das herrliche arabische Bad El Bañuelo. Gegenüber davon befindet sich der Brückenansatz der Puente del Cadí, auch Puerta de los Tableros genannt. Weiter oben liegt das Kloster Convento de Zafra, das in seinem Inneren ein maurisches Häuschen beherbergt, der Palast Casa de Castril (Archäologisches Museum), die Kirche San Pedro, usw. Die Carrera mündet schließlich auf ihrem Weg in das Albaycín in den Paseo de los Tristes. Dabei verliert man nie die Gässchen aus den Augen, die sich links am Berg entlang schlängeln und die Umrisse der rechts auf dem Hügel thronenden Alhambra.

Die Casa de los Tiros (unten) ist nur einer der zahlreichen historischen Kleinode des Realejo-Viertels. Ihr Name geht auf die Musketen zurück, die oben am Gebäude zu sehen sind. Die Fassade trägt eine kuriose Dekoration, die ein Herz und ein Schwert darstellt, mit der Inschrift „Das (Herz) befiehlt". Drei Bronzetürklopfer, ein quadratischer, ein dreieckiger und ein achteckiger, die durch Herzen mit der Mauer verbunden sind, bilden eine rätselhafte Konstellation, auf der zu lesen ist: „ES (DAS HERZ) BEFIEHLT. MÄNNER DES KRIEGS, RÜHRT DIE WAFFEN. ES (DAS HERZ) ZERBRICHT WIE EIN TÜRKLOPFER, WENN ES UNS IN DIE SCHLACHT RUFT. GOTT KLOPFT UND ES (DAS HERZ) SPÜRT IHN.

Casa de los Tiros

Eines der Viertel von Granada, die sich heute noch ihre Identität bewahren, ist das Realejo. Es handelt sich um ein ehemaliges maurisches Vorstadtviertel, in dem sich der königliche Obst- und Gemüsegarten befand, dem es seinen Namen verdankt. Auch eine bedeutende jüdische Bevölkerung war hier bis zu ihrer Vertreibung im März 1492 zuhause. In weniger entfernter Vergangenheit blühte in dem Viertel eine kunsthandwerkliche Stoffindustrie, von der nur noch die Erinnerung geblieben ist.

Der wichtigste Ort im Viertel ist in der heutigen Zeit das beliebte Campo del Príncipe (oben). Ein beeindruckender Platz zu Füssen der Alhambra-Anhöhe, dessen Name auf die Hochzeit des Prinzen Don Juan, Sohn der Katholischen Könige, mit Margarete von Österreich zurückgeht, die im selben Jahre seines Todes, anno 1497, stattfand. Im Mittelpunkt des Platzes steht eine steinerne Christusfigur von Mitte des 17.Jh.

Durch zahlreiche Gassen gelangt man mühelos ins Zentrum. Von hier aus kann man aber auch zum Paseo del Salón (unten) oder Paseo de la Bomba hinunter spazieren, ein wahres Freizeit- und Erholungsgebiet am Flussufer.

Eng gekoppelt an den Paseo del Salón ist die Carrera de la Virgen, der Ort der Huldigung schlechthin für Gläubige Granadiner. Die Basílica de las Angustias ist ein unbedingtes Muss für alle Einwohner der Stadt, die hier ihrer Schutzherrin Ehre erweisen. Ganz in der Nähe dieser Allee befindet sich die Puerta Real, der wahre Kern von Granada. Von dort aus besteht aufs Neue die Möglichkeit, die Geschichte wieder aufleben zu lassen, anhand von bedeutenden Bezugspunkten wie den Kirchen Juan de Dios, San Jerónimo, Santos Justo y Pastor, der Hochschule Colegio de San Bartolomé y Santiago, der Universität, des Palacio de Ansoti (rechts), Palacio de Caicedo, der Eremitage Perpetuo Socorro, usw. Andererseits gilt es noch, das moderne Granada zu entdecken. Es hat ein ganz anderes Erscheinungsbild und seine attraktive kulturelle Vielseitigkeit ist der jüngste Ausdruck einer Stadt, die ihre glorreiche Vergangenheit mit einer viel versprechenden Zukunft zu paaren sucht.

Eines der Beispiele für dieses Granada, das seinen Blick in die Zukunft richtet, ist der moderne Sportpalast, der 1991 mit der derzeit fortschrittlichsten Ausstattung versehen wurde. Neben den Sportveranstaltungen ist er auch für verschiedenste kulturelle Ereignisse hervorragend geeignet und wird dementsprechend genutzt.

Unten, Ansicht einer der Säle im Kongresspalast. Ein einzigartiger Anziehungspunkt der Stadt, der sich für Tagungen und Veranstaltungen aller Art eignet.
Unten: das Naturwissenschaftliche Museum (Parque de las Ciencias), ein gelungenes Projekt. Erstes wissenschaftliches Museum Andalusiens.

EL ALBAYZÍN

Der Plan zeigt einerseits die dominante Stellung der Alhambra (rechts), die über das Viertel wacht. Aber auch die verworrene Gassenstruktur, die mit ihren Windungen häufig an ein Labyrinth erinnert, ist gut zu erkennen. Schließlich bezeugt eine bemerkenswerte Anzahl historischer Gebäude die Bedeutung des Viertels in vergangenen Tagen.

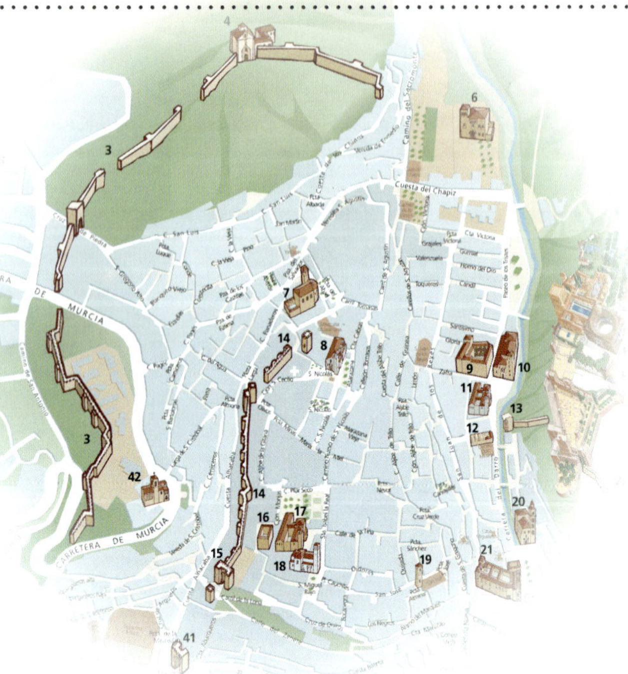

Das Albaycín ist jener zauberhafte Ort, wo die Essenz der Jahrhunderte ruht und die Geschichte unweigerlich zu spüren ist. Es ist ein unerschöpfliches Legat alter Zivilisationen, ein jahrhundertealter Zeuge, der allen Änderungen getrotzt hat, ein Zufluchtsort für romantische Seelen. Diese Beschreibung ist aber möglicherweise nichts sagend für diejenigen, die noch nicht die Gelegenheit hatten, es selbst kennen zu lernen. Das ist das Risiko der Wörter, die es, werden sie auch noch so sorgfältig ausgewählt, manchmal nicht vermögen, so genau und treffend zu sein, wie man es gerne hätte. Vor allem wenn das Unerklärliche erklärt werden soll.

Diese kurze Anspielung auf die sprachlich bedingten Grenzen möge als Entschuldigung dafür dienen, über das Albaycín auf die traditionelle, deskriptive Weise zu schreiben, die für diejenigen am verständlichsten ist, die dieses Viertel noch nicht selbst gesehen haben. Dabei dürfen aber die Reize nicht verschwiegen werden, die diesen Stadtteil als anregendstes und exotischstes Viertel Granadas berühmt gemacht haben: die dicht gedrängten Häuser, die so manch Reisender mit Schwalbennestern verglichen hat, das Wirrwarr der Gässchen, die üppige Vegetation, die über die Mauern der Gemüsegärten und carmen ragt, die freien Panoramaaussichten auf die fruchtbare Ebene, die Berge und die Alhambra, die versteckten Plätzchen, die sich nur dem privilegierten Besucher eröffnen.... Und für diejenigen, für die der Genuss der Sinne allein nicht genug ist, wäre noch die Geschichte und die Kunst zu nennen.

Zwischen und sogar an einigen Häusern sind noch bedeutende Reste zu finden, die auf die epischen Zeiten der ersten Kulturen und Zivilisationen zurückgehen, die oftmals vom arabischen Mythos verdrängt werden. Und das scheint auch das wahre Schicksal dieses Viertels zu sein: die immerwährende Erinnerung an die Zeiten, die ihm den größten Glanz verliehen haben. Als Asad ben Abderramán al Saybaní Anfang des 7. Jh. eine Festung, die qasabat Garnata, auf der heutigen Plaza San Nicolás errichten ließ, konnte sich niemand vorstellen, welch glanzvolle Zukunft ihr beschieden war.

Im 11. Jh. diente dieser Ort bereits als Palastresidenz für die erste islamische Dynastie, die diese Gebiete regierte, die Ziriden. So entstand die Alcazaba Cadima, in deren Schutz zahlreiche Gebäude errichtet wurden, bis schließlich der gesamte Hügel bedeckt war. Das günstige Geschick des Albaycín änderte sich noch nicht einmal als Muhammad Alhamar im 13. Jh. beschloss, den Hof auf den gegenüberliegenden Hügel, den Sabika, zu verlegen, wo die eindrucksvolle Anlage der Alhambra entstand. Das Albaycín wuchs weiter, bis es schließlich zu einer wahren Stadt innerhalb der Stadt Granada wurde. Im 14. Jh. besaß es ein eigenes Heer

sowie eine eigene Verwaltung und Richter; die reiche Aristokratie der Nasriden ließ sich hier prächtige Paläste und Gebäude errichten; um die dreißig Moscheen waren auf dem Hügel verteilt, darunter die Hauptmoschee, die noch herrlicher war, als die der Stadt Granada selbst; ein gekonnt angelegtes und kompliziertes Netz von Wasseradern versorgte eine Vielzahl von Zisternen; der Lärm der Webstühle verriet eine bedeutende Produktion von Stoffen erstklassiger Qualität; unermüdlich verließen Stücke aus Leder, Keramik, Email, Glas, Kupfer, Schmiedeeisen und Mosaikarbeiten die Kunsthandwerksstätten in tausenderlei Formen - ein Ausdruck der unerschöpflichen Phantasie und des blühenden Gewerbes.

Das war das Albaycín der ruhmvollen Zeiten, das bewundert und gleichzeitig gefürchtet wurde, denn seine Bewohner waren nicht nur zahlreich sondern auch aufständisch und nicht leicht zu regieren. Das ist das legendäre Albaycín, das wir jeder Logik zum Trotz gerne vorfinden würden.

Von diesem Albaycín sind nur noch reliquienartige Spuren erhalten, Überreste der Vergangenheit, die dank des Zufalls die Ankunft der neuen Macht Kastiliens überlebt haben. Dennoch sollte dies kein Grund zum Wehklagen sein, denn der Lauf der Geschichte weist jedem unwiderruflich seinen Platz zu. Und wenn auch die Geschichte dem Viertel den Rücken zukehrte, so versuchte doch die Natur dies auszugleichen. So ist das heutige Albaycín voll von den Frühlingsdüften der Gärten, den strahlenden Farben der Pflanzen, die über die Mauern ragen, den herrlichen Panoramaaussichten an den Orten von immer. Hie und da erinnert die Strenge eine Klostermauer, die prächtige Erscheinung eines Palastes, die Silhouette eines Glockenturmes, das Zwitschern der Spatzen im Laubwerk oder das entfernte Bellen eines Hundes an die Präsenz eines näheren, alltäglicheren Albaycíns.

Das Albaycín sollte ohne vorgefertigten Kurs besichtigt werden. Der uneigennützige Rat eines guten Freundes ist es, sich einfach treiben zu lassen, zu improvisieren, ganz hinaufzusteigen und anschließend die Gässchen langsam hinunterzugehen bis man wieder die Ebene erreicht. So lernt man das echte Albaycín kennen. Aber man sollte auch nicht gegen den Strom ankämpfen und sich der Anziehungskraft einiger Plätzchen dieses Viertels verschließen, die schon fast als Wahrzeichen gelten. So sind auch alle jene Orte zu nennen, die mit ihrem Reiz die Massen verzaubern: der Mirador de San Nicolás, die Plaza San Miguel Bajo, die Plaza Larga, die Calle del Agua, der Mirador de San Cristóbal, der Carril de la Lona, die Caldererías, die Calle Zenete, die Plaza Carvajales, der Paseo de los Tristes… denn auch wenn es inmitten der Menge ist, eine Besichtigung des Albaycíns lohnt sich immer.

Über diesen Zeilen: der Mirador de San Nicolás. Ein idealer Ort um zu beobachten, „wie schwer es dem Licht fällt, von Granada Abschied zu nehmen."

Rechts: der herrliche Rundblick, den man von einem weiteren Aussichtspunkt des Viertels aus genießen kann: dem Mirador de San Cristóbal. Im Vordergrund die Stadtmauer aus dem Zeitalter der Ziriden (11.Jh.). Im mittleren Bereich: die Klosteranlage Santa Isabel la Real. Links im Hintergrund: die Torres Bermejas, rechts der Glockenturm der Kirche San Miguel Bajo. In der Ferne zwischen den Bergen der Suspiro del Moro (der Seufzer des Mauren), der sagenumwobene Pass, den Boabdil überquerte, um Granada für immer hinter sich zu lassen.

Unter diesen Zeilen: die für die Maikreuze geschmückte Plaza Larga.

Oben: Placeta de Nevot mit dem „Carmen de la Media Luna“ (rechts). Granada ist die Stadt der „carmen“. Darunter ist ein Gebäude mit Obst- und Gemüsegarten zu verstehen, das von der ländlichen in die städtische Umgebung versetzt wurde. Ein grüner Dschungel aus Sträuchern, Bäumen und lose ausgesäten Pflanzen, die wild drauflos keimen. Ein Strudel von Kletterpflanzen, die über die Mauern hinweg nach außen ranken. Eine besondere Rolle kommt dem allgegenwärtigen Element Wasser zu, das in den zahllosen Becken und Brunnen plätschert.

Innenhof eines Hauses im Mudéjarstil im Albaycín. Damit wird die Architektur bezeichnet, die christliche Strukturen und maurische Dekorationselemente aufweist.

Unten: die Puerta de Monaita. Eines der Tore in der damaligen Stadtmauer.

Oben: von all den Moscheen, die es einst in Granada gab -dreißig davon befanden sich allein im Albaycín- ist heute nur dieser Hof in der Kirche El Salvador erhalten geblieben (oben).

Links: Wochenmarkt an der Plaza Larga. Die wenigen Stände reichen aus, um den Platz für die Anwohner in eine Art Verlängerung ihres eigenen Hofes zu verwandeln, wo es morgens gesellig zugeht und die Nachbarn in den üblichen Bars ihren Café trinken.

Oberhalb des Albaycín liegt nicht weit entfernt der Sacromonte, der von jeher von Zigeunern bewohnt ist und sich durch seine Höhlenbehausungen auszeichnet. Fotos von 1956 und von 2006.

Mit der Zeit verlor die Bezeichnung *carmen* (vom arabischen Wort karm - Weinrebe) ihre ursprüngliche Bedeutung. Von einem Nutzgarten für den Obst- und Gemüseanbau wurde sie zur Luxusvilla für die Freizeit, die rein zu Erholungszwecken dient.

Eingang ins Carmen de la Media Luna

Die Häuser im Albaycín bewahren ihre damalige Struktur mit den typischen Innenhöfen voller Blumentöpfen und Gebrauchsgegenständen. In der heißen Jahreszeit werden sie zu einem weiteren Raum des Hauses, in dem sich das intensive Familienleben abspielt.
Unten: ein Hof im Albaycín.
Rechts: mit Blumentöpfen geschmückte Fassade eines Hauses an der Zufahrtsstrasse zum Sacromonte.

EL MONASTERIO DE SAN JERÓNIMO

Das Bild oben ist von einzigartiger Schönheit: die Raumgestaltung des Kreuzgangs, die Galerie der Genesenden und die Südseite des Gotteshauses, die Licht-Schattenkontraste, beherrscht von dem Turm, der glücklicherweise wiedererrichtet wurde, nachdem die Franzosen ihn abgerissen hatten, um eine Brücke über den Río Genil zu bauen.

Es handelt sich um eine der zahlreichen religiösen Stiftungen der Katholischen Könige nach der Eroberung Granadas, genauer gesagt, um die erste, denn sie entstand in dem Heereslager in Santa Fe im selben Jahr der Eroberung, noch bevor die Stadt eingenommen wurde. Mit den Arbeiten am endgültigen Standort des Klosters wurde 1504 begonnen und 1521 konnten die Mönche das Gebäude bereits bewohnen. Der Bau der Kirche begann 1513, wobei das gesamte 16.Jh. für ihre Fertigstellung benötigt wurde. Das historische Gebäude war zahlreichen Wechselfällen ausgesetzt: der französischen Besetzung 1810, der Säkularisierung von 1836 und der Umfunktionierung zur Kaserne, bis hin zur vollkommenen Verwahrlosung. Ende des 19.Jh. war die Anlage in einem derart ruinösen Zustand, dass man ihren Abriss erwog. Dank der gelungenen Restaurierungsarbeiten in den ersten Jahren des 20.Jh. hat sie heute ein hervorragendes Erscheinungsbild, das nichts zu wünschen übrig lässt. Es gab zwei entscheidende Momente in der Entwicklung der Arbeiten an dem Gebäude: zum einen die Initiative der Herzogin von Sesa, ihren Gemahl, den Gran Capitán, dort zu beerdigen. Zum anderen die Tatsache, dass Diego de Siloé ab 1528 die Leitung der Arbeiten übernahm. Aus dieser Interessenkombination entstand der Altarraum, eine perfekte Symbiose aus Architektur und Bildhauerei. Diego de Siloé musste die Einwölbung

Unten: der ausgedehnte Hauptkreuzgang. Wie man sieht, ist es nicht schwierig, darin das bukolische Bild von damals zu erkennen, das die Chroniken übermitteln. Der gotische Kreuzgang ist in zwei Stockwerke aufgeteilt. Das untere mit halbrunden Bögen und Laubwerk an den Kapitellen.

des Chorhauptes und des Querschiffs bewältigen. Ersteren Raum löste er mit einem dreiteiligen Gewölbe, an das sich ein Tonnengewölbe anschließt, beide reich verziert mit Figuren, Medaillons und Rosetten. Mit den Gewölben der kurzen Arme des Querschiffs wurde ähnlich verfahren. Der Einfallsreichtum Siloés kommt vor allem in der Kuppel des Querschiffs zum Tragen, die nicht für eine solche Lösung geeignet war. Daher musste der Architekt eine schlichte und sichere aber geniale Struktur entwerfen. Ausgehend von vier muschelförmigen Hohlkegeln legte er vier trichterförmige Bögen an, die ein gotisches Kreuzrippengewölbe stützen. Damit war der Druck minimal, die Stabilität garantiert und die Ästhetik steht der des Gesamtwerks in nichts nach. Aber Siloés Werk erstreckt sich noch weiter. Im Anschluss an die Arbeit seines Vorgängers Japoco Fiorentino wirkte er am Fensterwerk im oberen Geschoss sowie den Reliefs und Skulpturarbeiten mit. Gleichzeitig wurde er am Chorgestühl tätig, an einigen der Portale im Hauptkreuzgang und an dem Eingangsportal des kleinen Kreuzgangs.

Unten, Kreuzgang und Hauptaltar des Klosters..

DAS KARTHÄUSERKLOSTER

Links: Figur des Hl. Bruno. Ein Werk des Bildhauers José de Mora, in dem er weniger eine Person, als vielmehr seine Auffassung von Spiritualität darstellt.
Unten: Gesamtansicht des Klosters.
Doppelseite unten: Das Innere der Sakristei, mit der unvorstellbaren Lichtexplosion, die von den Stuckarbeiten ausgeht.

Der Bau des Karthäuserklosters von Granada geschah als Antwort auf den Befehl des Ordens, die Präsenz seiner Mönche in Kastilien auszuweiten. Nach dem ein oder anderen gescheiterten Versuch wurde dieser Wunsch ausgeführt, als der Gran Capitán, Gonzalo Fernández de Córdoba, den Karthäusermönchen seine Mitarbeit anbot um das Klosters in letzte Ruhestätte für seine sterblichen Überreste zu verwandeln. Spätere Auseinandersetzungen zwischen den Mönchen und Don Gonzalo führten dazu, dass dieser das Projekt aufgab, der Orden führte es jedoch fort. Der Bau begann 1517 und war erst Mitte des 18.Jh. abgeschlossen. Darin liegt einer der größten Reize des Bauwerks: es stellt eine Reise durch die Entwicklung der verschiedenen Stilrichtungen dar, von der Gotik bis zum Neoklassizismus.

Es ist erstaunlich dass eine bloße Sakristei wie in diesem Fall innerhalb ihrer eigenen Kirche zum Tempel werden kann. Wie man sieht, ist sie mithilfe einer Art von Gurtbögen, die sich auf Halbpfeiler stützen, in vier Bereiche aufgegliedert, die die Längsteilung und -aufgliederung des Saals bilden. Darauf folgt die Vierung mit ihrer Kuppel und zuletzt der Altar. Der Raum des Kirchenschiffs selbst, die überschwängliche Dekoration der Wände und das Muster des Bodens tragen zur Konvergenz bei und laden dazu ein, sich tiefer nach innen hinein zu begeben, als handle es sich um einen Tempel. Die Leere im Zentrum des Schiffs betont das Horizontale. Der ungebrochene Rhythmus der Wanddekoration suggeriert Dynamik und Bewegung. Und schließlich übersähen die Rhomben den Fußbodenbelag mit zahlreichen Pfeilspitzen, die in Richtung Altar zeigen.

Das vielleicht Beeindruckendste für den Besucher dieser Sakristei ist das Licht. Oder besser gesagt das Weiß. Die Kombination beider Elemente hat einen angenehmen Effekt von Schwerelosigkeit und Formentransparenz, der jegliche Schwere und Bedrückung nimmt.

Nicht zu vergessen ist auch die verdienstvolle Arbeit der seitlichen Talarschränke. Neben ihrem praktischen Nutzen ist ihre perfekte Integration in die architektonische Struktur des Kirchenschiffs bemerkenswert.

Das vielleicht Beeindruckendste für den Besucher dieser Sakristei ist das Licht. Oder besser gesagt das Weiß. Die Kombination beider Elemente hat einen angenehmen Effekt von Schwerelosigkeit und Formentransparenz, der jegliche Schwere und Bedrükkung nimmt.

Auch im Tabernakel des Karthäuserklosters schlägt sich die phantasievolle plastische Ausdrucksstärke des Barock nieder. Das Werk wurde in den ersten Jahrzehnten des 18.Jh. von dem Cordobesen Hurtado Izquierdo geschaffen. Die barocke Szenerie schafft auch hier einen Raum voller ästhetischer und symbolischer Ideale. Ausgehend von einem kleinen quadratischen Grundriss wurde anhand der Aufwärts- und Zentrifugalbewegungen ein Strudel geschaffen, der einzig und allein zum Ziel hat, das Tabernakel zu verherrlichen, in dem der Leib Christi ruht. Die Zentrifugalbewegung entsteht aus dem Baldachin in der Mitte und den Doppelsäulen an den Ecken, die sich vorwärts und zur Saalmitte hinbewegen. Damit kein Zweifel darüber bleibt, wo das Zentrum der Aufmerksamkeit und Ehrerbietung liegt, zeigen die beiden auf die Türeinfassungen gemalten Bilder von David und Melchisedech den Weg dorthin. Die Aufwärtsbewegung geht auf die Pyramidenstruktur des Baldachins (oben) zurück und auf die schraubenförmig gedrehten salomonischen Säulen, auf die sich der obere Körper stützt.

Die Skulptur des Glaubens, die das Gesamtwerk bekrönt, scheint als Bindeglied zur Kuppel zu dienen, zum Himmel also.

Die Fähigkeit des Barock, im selben Raum die verschiedensten Elemente zu vereinen, zeigt sich auf wunderbare Weise in dem Allerheiligsten (Sancta Sanctorum). Glas, Marmor, Holz, leimgetränkte Stoffe, Gold, Farben, Plastiken und architektonische Elemente schaffen das Gemisch von Bewegung, das das gesamte Werk erbeben lässt. All dies dient dazu, die Eucharistie, die Heilige Form, hervorzuheben, die solange im Inneren eines Silbertabernakels ausgestellt war, bis der französische General Sebastiani während seines Besuchs in Granada beschloss, ihrer habhaft zu werden.

Die Aufwärtsbewegung des Baldachins führt den Besucher bis zur Kuppel. Darin schuf der Maler Antonio Palomino ein Programm, das aufs Neue die Eucharistie lobpreist. Daher nimmt die Monstranz für das Allerheiligste Sakrament den zentralen Punkt der Kuppel ein, inmitten eines offenen Himmels. Ausgehend von diesem zentralen Punkt entsteht eine gedachte Senkrechtachse, die durch die Weltkugel, den Hl. Bruno, der sie auf dem Rücken trägt und die Figur des Glaubens hindurch erneut zum Baldachin und dem Tabernakel führt. Das heißt, der Dialog Himmel-Erde ist durch den Christus und die Beharrlichkeit des Glaubens abgesichert. Nicht umsonst wird diese Tugend in einer gewollten Folge von Darstellungen zweimal gezeigt.

Madonna mit dem Kind

Obwohl die Szene an der Kuppel aus dem Barock datiert, ist sie einigen mittelalterlichen Darstellungen zu demselben Thema entlehnt. Die „Anbetung des Lamm Gottes von den Gebrüdern Van Eyck passt vielleicht am besten zu dieser Kuppel. Wie in jenem Fall nehmen die Figuren, die das Gemälde beherrschen, auch hier Haltungen ein, die an eine Prozession erinnern: die Engel, Erzengel, Madonnen, Heiligen, Propheten, Patriarchen teilen diese Anbetung und Ehrerbietung mit der höchsten himmlischen Hierarchie, der Heiligen Dreifaltigkeit. Vom technischen Standpunkt aus gesehen ist das Gemälde ein Renommierstück: der Künstler beherrscht die Freskotechnik, aber auch die Perspektive, das Zeichnerische und den Farbeinsatz meisterhaft.

Ecce Homo aus Terrakotta von den Gebrüdern García.

SIERRA NEVADA

Sierra Nevada ist vielleicht der greifbarste Ausdruck vom natürlichen Reichtum Granadas. Dieses Bergmassiv beherbergt die höchsten Gipfel der Iberischen Halbinsel: den Mulhacén und den Veleta, die beide knapp 3500 Meter hoch sind. Daneben hat die Sierra Nevada 14 weitere Dreitausender. Das ausgedehnte Massiv ist von den südlichsten Schneemassen Europas bedeckt und seine Flora und Fauna sind so vielseitig, dass es zum Naturpark und Biosphäre-Reservat erklärt wurde.

Seit einigen Jahrzehnten ist die Skistation von Sierra Nevada kontinuierlich gewachsen und hat ihre Ausstattung erweitert und verbessert. Heute verfügt sie über mehr als 70 km Pisten und ein umfangreiches Sport- und Freizeitangebot, das sie 1996 zum Austragungsort des Alpinen Skiweltcups machte.
Die Berge haben aber auch eine weniger erschlossene Seite. Zahlreiche Routen durchqueren diese 170.000 ha umfassenden Naturlandschaften, von denen einige noch unberührt sind und nur darauf warten, entdeckt zu werden.

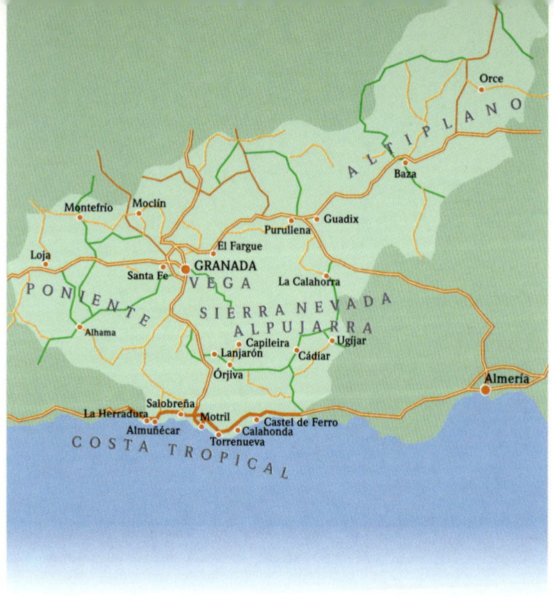

DIE PROVINZ

Die Provinz Granada beinhaltet äußerst vielseitige, kontrastreiche Landschaften, die vom Schnee bis in die Tropen reichen und von der Hochebene bis hin zum Meer. Es ist einer der wenigen Orte, an denen man am selben Tag im Meer baden und Skifahren kann.

Die Provinz ist in sieben Gebiete aufgeteilt.

An erster Stelle ist die Provinzhauptstadt mit der umliegenden fruchtbaren Ebene der Vega und Umgebung zu nennen.

Darauf folgt der westliche Teil der Provinz, der von drei bedeutenden Orten beherrscht wird: Montefrío, Loja und Alhama de Granada. Die Wiedereroberung begann in Alhama, in der Stadt der Bäder, und in Loja wurde Boabdil gefangen genommen, während König Ferdinand in dieser Schlacht auch fast zum Gefangenen gemacht wurde. Beide Städte sind bis zum heutigen Tag von Burgen überschattet, die auf unzugänglichen Felsen thronen.

Das dritte Gebiet im Süden ist die Costa Tropical, wo Mango- und Avocadobäume wachsen. Eine abschüssige Landschaft, die sich durch ihr ganzjährig beneidenswertes Klima auszeichnet und Ortschaften wie Almuñécar, Salobreña und Motril mit seinem Zuckerrohranbau

Links Salobreña, in dessen Festung im Laufe der Geschichte verschiedene Könige Granadas gefangen gehalten wurden. Oben: Montefrío, dessen Kirche in kunstvollem Gleichgewicht über einer Schlucht schwebt.

Links: die Burg von Moclín, einst ein bedeutendes Bollwerk an der Grenze des Königreichs Granada.
Unten: Höhlenwohnungen in der Hochebene von Guadix.

beherbergt. Neben Castell de Ferro, Torrenueva und Calahonda bilden sie die Lieblingsstrände der Granadiner.

Oberhalb in Richtung Sierra Nevada liegt die terrassenförmige Alpujarra, das vierte Gebiet.

An fünfter Stelle steht die Sierra Nevada, Naturpark und Biosphäre-Reservat.

Und schließlich liegt im Nordosten der Provinz die berühmte Hochebene Hoya de Guadix-Baza, die im Süden vom Naturpark der Sierra de Baza begrenzt wird. Beim Anblick dieser Landschaft wird deutlich, warum in diesem Tal schon vor Urzeiten menschliche Siedlungen entstanden, denen später eine solche Bedeutung zukommen sollte. Eine besondere Attraktion sind die Höhlenwohnungen, die in dieser Gegend seit Jahrhunderten in Verwendung sind.

Wenige Kilometer von Guadix entfernt befindet sich an der Straße nach Almería die Festung der Calahorra (unten), die sich seit 1509 stolz vor dem Hintergrund der Sierra Nevada erhebt. Sie wurde von dem Markgrafen Marqués de Zenete errichtet, einem Enkel des Kardinal Mendoza. Es handelt sich um das erste Renaissancegebäude Spaniens, das sogar noch vor dem Palast Karl V. mit Marmor aus Genua gebaut wurde. Die Katholischen Könige hatten den aufständischen kastilischen Adel zurechtgestutzt. Nach dem Tod von Isabella von Kastilien versuchten die Adeligen, ihre Privilegien zurückzuerobern. Der Kardinal Cisneros erstickte diesen Versuch im Keim. Die Festung ist eines der letzten Redukte der Macht des Adels. Ihr Inneres beherbergt den schönsten Hof des italienischen Quattrocento in Spanien.

LAS ALPUJARRAS

Oben: Bubión.
Unten: Ujíjar.

Zu Recht wird gesagt, die Alpujarra habe den Kopf an einem Pol und die Füße in den Tropen. Morphologisch gesehen besitzt sie ein teuflisches Relief, ein Wechselspiel aus Gipfeln und Tälern, von dem sich die Siedler allerdings nie einschüchtern ließen. Die von den Gipfeln aus gut bewässerten Täler und Berghänge, die gleichzeitig geschützt sind vor den Unbilden des Wetters, trugen zur Entwicklung kleiner Bevölkerungskerne bei, die teilweise auf über 1600 Metern Höhe liegen. So ist der Ort Trevélez z.B. mit seinen 1650 m die höchstgelegene Ortschaft von ganz Spanien. Das Gebiet der Alpujarra ging

mit dem Maurenaufstand 1568 auf tragische Weise in die Geschichte Spaniens ein. Ihr komplexes Oberflächenrelief und die Verzweiflung der Aufständischen verwandelten die Rebellion in einen langen, grausamen Krieg. Ortsnamen wie *Barranco de la Sangre*, die Schlucht des Bluts, erinnern noch heute daran. Heutzutage ist der Widerhall der Ereignisse kaum noch zu spüren und die Alpujarra hat eine neue Identität.

Der Guadalfeo durchfließt diesen einzigartigen Landstrich zwischen der Sierra Nevada und dem Mittelmeer und teilt ihn in zwei Hälften, eine obere und eine untere. Das äußerst kontrastreiche Gebiet, das über 35 km Luftlinie zum Meer hin abfällt, vereint sämtliche Klimazonen auf sich. Die Landwirtschaft, anhand derer die historischen

Die Landschaft ist eine der größten Anziehungspunkte der Alpujarra. Die tiefgrünen Töne des Frühlings lassen bei Herbstanbruch den unglaublichen Goldtönen den Vorrang. Kurz bevor das Laub fällt sieht die Alpujarra aus wie ein goldenes Meer.

Widersprüche deutlich werden, ist von je her der wirtschaftliche Motor der Gegend. Während der Epoche der Mauren reagierte sie mit Großzügigkeit auf den Fleiß jenes Volkes, das es schaffte, eine unglaubliche Vielfalt an Nutzpflanzen anzubauen. Nach der Vertreibung dieser Kulturgemeinschaft ersetzten die kastilischen Siedler die maurische Anbautradition durch ihre eigenen Methoden, beruhend auf der bekannten Dreifelderwirtschaft von Getreide, Wein und Oliven. Im Laufe der Zeit wurde diese eingeschränkte landwirtschaftliche Nutzung dank der Fruchtbarkeit der Erde und der klimatischen Vielfalt überwunden. So wurden die Ausschöpfungsmöglichkeiten des Landes auf den Obst- und Gemüseanbau sowie auf Weidegebiete ausgeweitet.

Das kurze Aufflackern industrieller Aktivitäten schuf mancherorts die begründete Hoffnung auf eine weitergehende wirtschaftliche Entwicklung. Es sollte aber bei kurzlebigen Phantasien bleiben, die nicht andauerten. Das

war der Fall der Seide, Minen und Webstoffe. Einzig und allein die Schinkenhersteller versucht heute, eine Aktivität fortzuführen, die sich in der Vergangenheit einen wohlverdienten Namen gemacht hat.

Die heutige Zeit hat der Alpujarra neue Impulse verliehen. Die Veralterung der Bevölkerung, die vorherrschende Struktur des Kleingrundbesitzes und die Globalisierung der Weltwirtschaft haben ihre traditionelle Wirtschaftsgrundlage erschüttert. Heute bemüht sich dieser Landstrich darum, sich in den Fremdenverkehr einzugliedern, wofür er die allerbesten Voraussetzungen bietet. Landschaften mit Fernblick, Bergsportaktivitäten für jeden Geschmack, traditionelle Küche mit weit zurückreichendem Stammbaum, Ruhe und Erholung, reinste Luft und klarstes Wasser sind nur einige der Attraktionen. Die Landschaft ist eine der größten Anziehungs-

Karte der oberen und unteren Alpujarras
Oben: Trevélez, auf 1650 m über dem Meeresspiegel.

Oben im Bild: Panoramablick auf Pampaneira, das sich mit seinen Terrassen an den Berghang schmiegt. Weiter oben: Bubión, das in die Schlucht von Poqueira hineinragt. Und weiter entfernt liegt der Ort Capileira, den man mit dem Schnee in der Sierra verwechselt. Das Foto vermittelt einen Eindruck davon, wie riesig diese Naturlandschaften sind und wie die kleinen Dörfer sich zwischen Eichen, Kastanien und Nadelbäumen - den häufigsten Baumarten - einfügen. In den Schluchten und an schattigen Orten, an denen es Wasser im Überfluss gibt, trifft man hauptsächlich Schilfrohr, Binsen, Zyperngras und Pfriemenginster an. Das unbewässerte Land beherbergt vorzugsweise Arten wie Thymian, Rosmarin, Salbei und Lavendel.

punkte der Alpujarra. Die tiefgrünen Töne des Frühlings lassen bei Herbstanbruch den unglaublichen Goldtönen den Vorrang. Kurz bevor das Laub fällt sieht die Alpujarra aus wie ein goldenes Meer.

Das augenscheinlichste Merkmal dieser Häuser ist das Flachdach oder terrao (unten), das aus Schieferplatten und launa (wasserundurchlässigem Lehm) besteht und auf dem der Kamin nicht fehlen darf. Diese Dächer dienen als Terrasse und gleichzeitig als Trockenraum für Mais, Bohnen, Feigen oder Trauben, die hier langsam an der Sonne dörren. Auch die farbenfrohen, von Geranien überquellenden Blumentöpfe sind allgegenwärtig.